Mecklenburg-Vorpommern

KLEINE LANDESKUNDE

Autoren:
Dr. Eginhard Wegner
Prof. Dr. Rolf Meincke

westermann

1. Auflage   Druck   5   4   3   2   1
Herstellungsjahr   1996   1995   1994   1993
Alle Drucke dieser Auflage können im Unterricht parallel
verwendet werden.
Die letzte Zahl bezeichnet das Jahr der Herstellung.

© Westermann Schulbuchverlag GmbH, Braunschweig 1993

Ihre Ansprechpartner:
Westermann Berlin, Lützowplatz 15
Westermann Leipzig, Grassistraße 12

Verlagslektorat: Peter Maibach
Herstellung: Westermann Druck und Verlagsgruppe

ISBN 3 - 14 - **14 5012** -9

Inhaltsverzeichnis

Mecklenburg-Vorpommern –
ein neues Bundesland

Grünland

 Ackerland

 Wald

 Stadt, Siedlung

Farben und Strukturen

schwarz Wasser
(keine Reflektion),
blau Watt,
weiß bis gelb Sand/Dünen,
hellgrün Grünland,
dunkelgrün bis schwarzgrün
Laub- und Nadelwald,
gelb und rot gesprenkelt
Ackerland,
rot ohne scharfe Begrenzung
Siedlungen und Ballungs-
räume (Weichbild),
weiß und blau im Gebirge
Schnee, Gletscher.
In Ostbayern sind Wolken als
weiße Struktur erkennbar.
Aufnahmemonate Juli/August

Bildmaßstab
1 : 1 000 000

**Satellit LANDSAT
der NASA**

6.1 Mecklenburg-Vorpommern im Weltraumbild   © Westermann

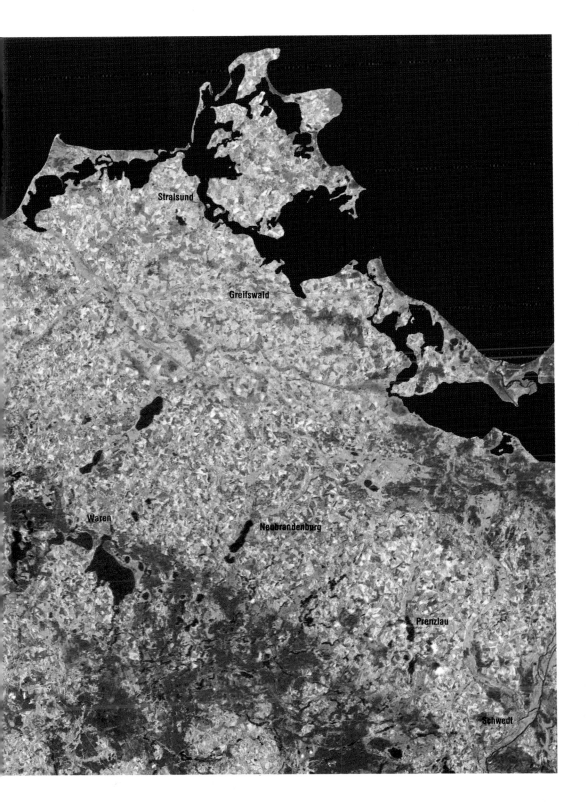

7

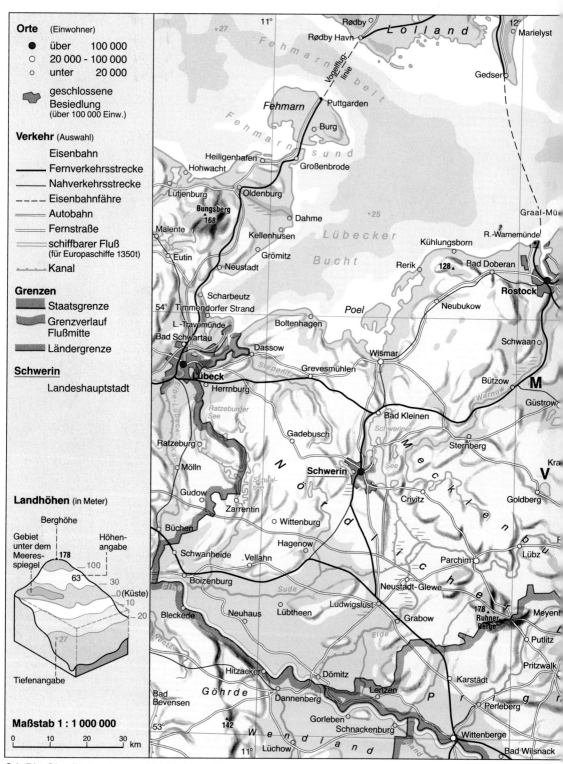

Orte (Einwohner)

- ● über 100 000
- ◉ 20 000 - 100 000
- ○ unter 20 000
- geschlossene Besiedlung (über 100 000 Einw.)

Verkehr (Auswahl)

Eisenbahn
— Fernverkehrsstrecke
— Nahverkehrsstrecke
----- Eisenbahnfähre
Autobahn
Fernstraße
schiffbarer Fluß (für Europaschiffe 1350t)
Kanal

Grenzen

Staatsgrenze
Grenzverlauf Flußmitte
Ländergrenze

Schwerin

Landeshauptstadt

Landhöhen (in Meter)

Berghöhe
Gebiet unter dem Meeresspiegel
Höhenangabe
178
63
100
30
0 (Küste)
10
20
27
Tiefenangabe

Maßstab 1 : 1 000 000

0   10   20   30 km

8.1 *Die Oberflächenformen Mecklenburg-Vorpommerns (Physische Karte)*

8

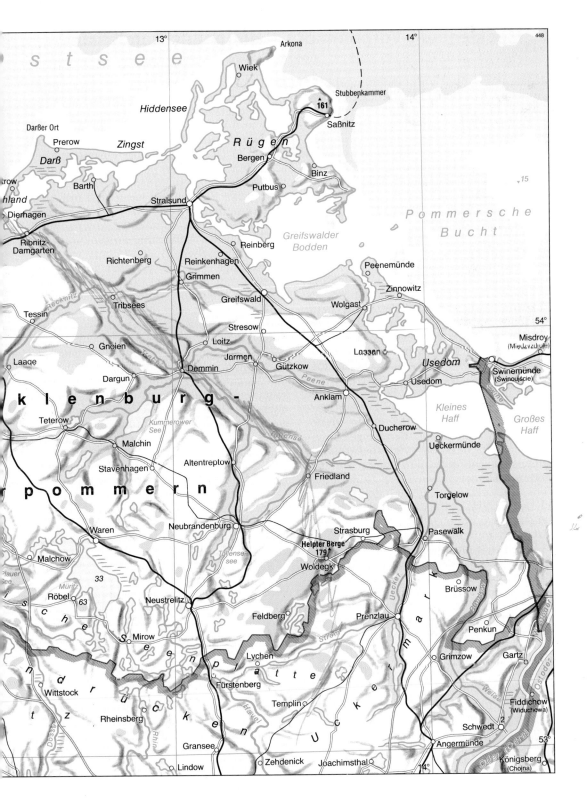

13°

Arkona

14°

Wiek

st s e e

Hiddensee

Stubbenkammer

▲161

Saßnitz

Rügen

Darßer Ort

Prerow

Zingst

Bergen

Darß

Binz

row

Barth

Putbus

hland

Stralsund

Dierhagen

P o m m e r s c h e

Ribnitz-
Damgarten

Reinberg

Greifswalder
Bodden

B u c h t

.15

Peenemünde

Richtenberg

Reinkenhagen

Grimmen

Zinnowitz

Tessin

Tribsees

Greifswald

Wolgast

54°

Stresow

Misdroy
(Międzyzdroje)

Gnoien

Loitz

Lassan

Usedom

Laage

Jarmen

Gützkow

Swinemünde
(Świnoujście)

Dargun

Demmin

Peene

Usedom

k l e n b u r g -

Anklam

Teterow

Kummerower
See

Kleines
Haff

Großes
Haff

Malchin

Ducherow

Stavenhagen

Altentreplow

Ueckermünde

p o m m e r n

Friedland

Waren

Neubrandenburg

Torgelow

Malchow

Tollense
see

Strasburg

Pasewalk

Plauer
See

33

Helpter Berge
179▲

Müritz

Woldegk

Brüssow

Röbel 63

Neustrelitz

Prenzlau

Penkun

Feldberg

Wittstock

Mirow

Lychen

Grimzow

Gartz

Rheinsberg

Fürstenberg

Fiddichow
(Widuchowa)

Templin

Schwedt 2

Gransee

Zehdenick

Joachimsthal

14°

Angermünde

53°

Lindow

Königsberg
(Chojna)

1 Mecklenburg-Vorpommern – ein neues Bundesland

Mecklenburg und Vorpommern gehören seit dem 3. Oktober 1990 wieder zu einem einheitlichen Deutschland. Dieses Datum ist auch die Geburtsstunde des Bundeslandes Mecklenburg-Vorpommern. Als Teil der sowjetischen Besatzungszone ist es als Land aus Mecklenburg und dem deutsch gebliebenen Teil Pommerns, Vorpommern, gebildet worden. 1952 wurde es mit Hinzunahme der Kreise Prenzlau, Templin und Perleberg in die drei Bezirke Rostock, Schwerin und Neubrandenburg gegliedert und ist nun wieder im alten Umfang Bundesland. In seiner ersten Regierungserklärung hat der Ministerpräsident dieses Bundeslandes Mecklenburg-Vorpommern als „Tor zum Norden und Brücke zum Osten" bezeichnet und damit, ausgehend von der geographischen Lage des Landes, ein anspruchsvolles wirtschaftliches und politisches Ziel für die künftige Entwicklung formuliert. Wie schwer es ist, diesem Anspruch in wirtschaftlicher und damit auch sozialer Hinsicht gerecht zu werden, verdeutlichen derzeit die zahlreichen Merkmale einer zurückgehenden Wirtschaftskraft, u. a. ausgedrückt in der höchsten Arbeitslosenquote unter den neuen Bundesländern. Dennoch sind die räumlichen Voraussetzungen im Rahmen der Europäischen Gemeinschaft, gut, bietet doch das Land dafür durchaus geeignete natur- und wirtschaftsräumliche Potentiale.

Ein Blick auf die Karte zeigt, daß Mecklenburg-Vorpommern als nördliches Bundesland zu den Wirtschaftszentren der Bundesrepublik eine Randlage aufweist, aber andererseits durchaus zentral liegt, wenn man an die wirtschaftlichen Verflechtungsmöglichkeiten mit Nord- und Osteuropa denkt. Bestehende Verbindungen wie die Fährlinien nach Dänemark, Schweden und Litauen sowie die Landverbindungen an der Ostgrenze dieses Bundeslandes nach Polen, insbesondere zu dessen großem Hafen und Wirtschaftskomplex von Stettin (Szczecin), deuten Möglichkeiten an.

Mecklenburg-Vorpommern nimmt mit 23 834 km² die 6. Stelle und mit ca. 1,9 Mill. Einwohnern die 13. Position unter den deutschen Bundesländern ein. Das Land grenzt im Westen an Schleswig-Holstein und Niedersachsen, im Süden an Brandenburg und im Osten an die Republik Polen. Die nördliche Grenze bildet die 340 km lange Ostseeküste. Zum vorpommernschen Teil des Landes gehört Deutschlands größte Insel Rügen (926 km²). Dieses nicht sehr große Bundesland kann aber mit seinen ausgebauten Häfen den Durchgangsverkehr fördern. Seine Landwirtschaft wird nach der Anpassung an die Normen der Europäischen Gemeinschaft wettbewerbsfähige Betriebsgrößen aufweisen müssen, um erfolgreich arbeiten zu können. Der Fremdenverkehr, der schon seit einiger Zeit ein wichtiger Zweig ist, wird bei vorsichtigem Ausbau und Erhalt der noch wenig angegriffenen Natur eine Rolle spielen. Die Sanierung oder der Umbau der nordostdeutschen Schiffbauindustrie ist für Mecklenburg-Vorpommern von entscheidender Bedeutung. Nötig ist aber auch der Ausbau der Verkehrslinien. Sowohl die Ost-West-Verbindungen als auch die Nord-Süd-Linien müssen so entwickelt werden, daß dieses Bundesland seine Mittlerfunktion als „Tor zum Norden und Brücke zum Osten" wahrnehmen kann.

Wer dieses Land durchwandert oder durchfährt, wird immer wieder feststellen, daß Mecklenburg-Vorpommern ein Gebiet von vielfältiger Schönheit mit grünen Wiesen, fruchtbaren Feldern, sanften Hügeln und kleinen Erhebungen, buchtenreichen Seen und zahlreichen Wäldern ist. An der Küste findet der Betrachter eine Vielfalt von Küstenformen und Inseln, Steil- und Flachküsten und kilometerlange weiße Sandstrände. Inmitten dieses Landes liegen interessante Dörfer, aber auch alte Städte mit ihren kostbaren Backsteinbauten, die seit Jahrhunderten das Gesicht dieser Landschaft prägen.

Mecklenburg-Vorpommern – eine Idylle oder ein aufstrebendes Bundesland? In diesem Spannungsfeld liegt die Zukunft. Welchen Weg wird Mecklenburg-Vorpommern nehmen?

2 Das Landschaftsbild und seine Entstehung

2.1 Die Landschaft

Wer Mecklenburg-Vorpommern aus der Luft betrachtet, sieht sowohl auf ein buntes abwechslungsreiches Bild der Inselwelt an der Ostseeküste als auch ein Land mit Feldern, Wiesen und Weiden, Laub- und Nadelwäldern. Er schaut auf Seenketten und Flüsse, die nach Norden zur Ostsee oder über die Elbe in die Nordsee fließen. Der Betrachter unterscheidet auch weite ebene Flächen von solchen mit welligem und hügeligem Charakter. Höhenzüge schließen sich zu Ketten und langgezogenen Girlanden zusammen. Er fragt: Wie ist dieses Mosaik entstanden? Der landschaftliche Formenreichtum, insbesondere Relief und Seen sind vorwiegend das Ergebnis des jüngeren Eiszeitalters (Quartär) mit seinem Wechsel von Kalt- und Warmzeiten, insbesondere der bisher letzten Eiszeit, der Weichsel-Kaltzeit. Außer dem nördlichen Landrücken und dem Kuppen- und Hügelrelief liegt ganz Mecklenburg-Vorpommern tiefer als 60 m ü.NN. Erhebungen über 100 m ü.NN. konzentrieren sich in dem Endmoränengürtel. Die höchsten Erhebungen sind die Helpter Berge (179 m) in Vorpommern und die Ruhner Berge (178 m) im Südwesten Mecklenburgs.

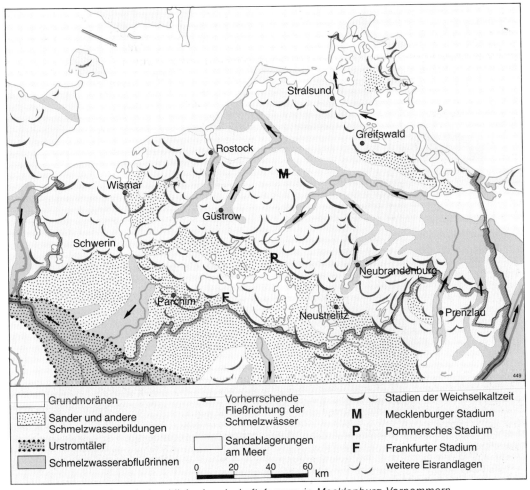

Grundmoränen	← Vorherrschende Fließrichtung der Schmelzwässer	‿⌣ Stadien der Weichselkaltzeit
Sander und andere Schmelzwasserbildungen		M Mecklenburger Stadium
Urstromtäler		P Pommersches Stadium
Schmelzwasserabflußrinnen	Sandablagerungen am Meer	F Frankfurter Stadium
	0 20 40 60 km	‿ weitere Eisrandlagen

11.1 Eiszeitliche und nacheiszeitliche Landschaftsformen in Mecklenburg-Vorpommern

2.2 Die Oberflächenformen

Auf einer Karte der Oberflächenformen erkennen wir folgende Großlandschaften:

I Die Mecklenburgisch-vorpommersche Ausgleichsküste
II Das küstennahe Umland der Boddenausgleichsküste
III Das Gebiet der flachen bis welligen, von Tälern durchzogenen Lehmplatte
IV Das Sandgebiet der Ueckermünder Heide
V Das wellige bis kuppige Rückland der Mecklenburgischen Seenplatte
VI Die Mecklenburgische Seenplatte, deren Nordbegrenzung die Endmoräne des Pommerschen Stadiums bildet und deren Südflanke von der Frankfurter Staffel geprägt wird.
VII Das südwestmecklenburgische Sandgebiet mit zwischengelagerten Lehmplatten, den Resten älterer Endmoränen
VIII Die Mecklenburgische Elbtalniederung

Die entscheidenden Oberflächenformen hat die letzte Eiszeit, die Weichsel-Kaltzeit, hinterlassen. Während dieser Zeit stieß das Inlandeis aus Nordeuropa mindestens dreimal über das Ostseebecken südwärts auf das Festland vor und taute zwischenzeitlich mehr oder weniger vollständig ab. Jeder dieser Gletschervorstöße hinterließ beim Abtauen eine eigene Grundmoräne. Der älteste Vorstoß reichte am weitesten, der jüngste am wenigsten weit südwärts. Im Idealfall gehören zu den Ablagerungen der Gletschervorstöße, der glazialen Serie, außer der Grundmoräne nach außen anschließend Endmoränen, Sander sowie Schmelzwasserabflußbahnen.

Folgende Stadien der Weichsel-Kaltzeit durchziehen mit SO-NW-Verlauf Mecklenburg-Vorpommern: den weitesten Vorstoß brachte das Brandenburger Stadium vor 20 000 Jahren, dessen Randmoränen südwestlich Schwerin und bei Parchim nachgewiesen sind. Deutlich sind die Formen der Frankfurter Staffel sichtbar, die vom Schaalsee im Westen über das Südwestende des Schweriner Sees zum Südrand des Plauer Sees und weiter über Zechlin nach Südosten zu verfolgen sind.

Nach außen schließen sich an den Ausflußstellen der Gletscherabflüsse Sander an, die auf ihren sandigen Böden Nadelwald tragen. Nach innen folgen Grundmoränen, und in den Vertiefungen finden sich zahlreiche Seen, wie der Schweriner (62,1 km²), Plauer (38,7 km²), Fleesen (11 km km²), Kölpin (20,5 km²) und deren größter, die Müritz (112,6 km²). Im Norden wird diese Seenplatte, die etwa 60 m über dem Meer liegt, von dem Pommerschen Stadium begrenzt, dessen Entstehung vor 16 000 Jahren begann. Diese Ablagerungen heben sich in der Landschaft deutlicher heraus als die älteren Vorstöße, was sich in den hohen, blockreichen, z.T. gestauchten Moränen besonders deutlich zeigt. In einzelnen Bögen schwingen sich diese Staffeln vom Dassower See über den Hohen Schönberg (91 m) nördlich von Klütz über den Iserberg (100 m) um die Wismarbucht und stoßen in der Kühling weit nach Norden, um dann nördlich von Sternberg über Krakow in einzelnen Bögen südlich des Malchiner Sees, nördlich Waren, Neustrelitz, Feldberg mit einer Gabel bis zu den Helpter Bergen (179 m) zurückzufallen. Jüngere Eisvorstöße werden auch sichtbar in den Ablagerungen und Becken, die sich nördlich an das Pommersche Stadium anschließen und mit den Becken des Malchiner (14,4 km²) und Kummerower Sees (32,9 km²), dem Tollensesee (17,4 km²), den Ueckerseen (Oberer 7,5 km², Unterer 10,7 km²) die Anzahl der Seen vergrößern (sog. Mecklenburger Stadium).

2.3 Die Ostsee

Im Norden grenzt das Land an die Ostsee, die in ihrer Größe und Ausdehnung ein junges Meer ist. Sie hat einige Vorläufer, die nach dem Rückzug des Inlandeises entstanden. Vor etwa 8000 Jahre erreichte die Ostsee nach dem Durchbruch der Wassermassen der Nordsee durch die Belte und den Sund, der sogenannten Litorinatransgression (nach einer Schnecke genannt) ihre heutigen Küstenformen. Durch die schmalen Verbindungen der Belte des Sundes gibt es wenig Wasseraustausch mit dem Weltmeer, und das Wasser hat nur einen geringen Salzgehalt. Er beträgt im Oberflächenwasser der Mecklenburger Bucht

13.1 *Grundmoräne mit Soll*

13.2 *Endmoräne*

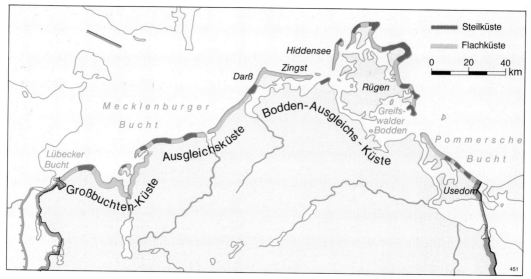

14.1 Die Ostseeküste Mecklenburg-Vorpommerns – ihre Gliederung und ihre Formen

1,2–1,4 g/l und im Kleinen Haff in der Nähe der Odermündung 0,7–0,8 g/l. Man nennt die Ostsee deshalb ein Brackwassermeer.

Sie berührt das Land im Westen mit der Lübecker Bucht; im weiteren Verlauf ist es die Mecklenburger Bucht, die in der Wismarbucht ins Land eingreift. Dieser Abschnitt der Küste wird als Großbuchtenküste bezeichnet. Die Warnowmündung mit dem Breitling liegt im Bereich einer glatt verlaufenden Küste, der Ausgleichsküste. Vom Darß erstreckt sich die stark gegliederte Boddenküste, die eine ertrunkene Tallandschaft ist, nach Osten. Auf 340 km Außenküste mit Steil- und Flachküsten kommen 1130 km Binnenküste.

2.4 Boden und Bodenschätze

Aus den Ablagerungen, also dem Material, dem Substrat der Eiszeit, haben sich durch Verwitterung, Einwirkung von Pflanzen und Tieren, durch das Wasser und die klimatischen Bedingungen die Böden gebildet. Die Verbreitung der Bodenarten wie Sand, sandiger Lehm bis zum Lehm, Ton und den moorigen Böden ist von den Vorgängen der Eiszeit beeinflußt. So finden wir überall, wo Schmelzwässer Ablagerungen hinterlassen haben, überwiegend sandige Böden, z. B. in Südwestmecklenburg oder in den Stauseeablagerungen der Ro-

stocker und Ueckermünder Heide. Ihre Fruchtbarkeit hängt vom Humusgehalt und dem Stand des Grundwassers ab. Sie sind von der Entstehung, dem Typ her Braunerden, Podsole und Gleye.

Fruchtbarer sind die lehmigen Böden unterschiedlicher Zusammensetzung im Bereich der Grundmoränen, aber auch der Endmoränen. Sie gehören zu den Typen der Fahlerden, Gleyen und Parabraunerden. Besonders ertragreich sind die Böden im Klützer Winkel mit ihren humosen Fahlerden und Schwarztaugleyen. Diese Böden bieten die Grundlage für eine ertragreiche Landwirtschaft.

Neben den Böden sind es konzentrierte Ablagerungen des Gesteins und von Mineralien, die als Bodenschätze für den wirtschaftenden Menschen von Bedeutung sein können. Aufgrund der erdgeschichtlichen Vorgänge in unserem Raum gibt es nur wenige verwertbare Bodenschätze. In erster Linie sind es die Kiese, Sande und Tone des Eiszeitalters, die an verschiedenen Orten in großen Mengen vorkommen und für die Zwecke der Bauindustrie genutzt werden können. Bekannte Standorte für Sande und Kiese sind Langhagen, Krs. Güstrow, Wismar, Schwerin, Waren und Milmersdorf. Quarzsande für Silikatbeton finden sich bei Parchim und Neustrelitz. Insgesamt werden 60 Tagebaue genutzt. Tone für die keramische Industrie gibt es

14

ebenfalls. Sie dienen der Herstellung von Ziegeln, z. B. bei Friedland und im Westen bei Boizenburg. Tonlager aus älteren erdgeschichtlichen Formationen gibt es aus dem Tertiär bei Jatznick und Altentreptow, aus dem Lias bei Grimmen und Dobbertin. Diese Tone sind in Schollen an die Oberfläche gekommen.

Von Bedeutung sind auch die Kreidevorkommen, die vor 70 Mill. Jahren abgelagert worden sind. Sie finden sich vor allem in Vorpommern im Untergrund und auf Rügen – beeinflußt durch die Eiszeiten – an der Oberfläche. Sie werden, da sie aus sehr reinem kohlensauren Kalk bestehen, in der Industrie vielseitig als Füllmaterial verwendet. Der Abbau und die Verarbeitung erfolgt in Klementelvitz bei Saßnitz auf Rügen. Ein weiteres Lager, das noch nicht ausgebeutet wird, liegt nördlich von Löcknitz nahe der Grenze zu Polen. Es könnte die Grundlage für eine deutsch-polnische Zusammenarbeit werden.

Andere Rohstoffe sind die kleinen Erdölvorkommen in etwa 1500–2000 m Tiefe aus der Kreide bei Grimmen/Reinkenhagen und Lütow auf Usedom, die fast erschöpft sind, und das potentielle Erdgaslager bei Heringsdorf. Als Energieträger kommen auch geothermische Ressourcen in Frage, die als warmes Wasser mit 40–65 °C in etwa 1500 m Tiefe vorkommen und z. Zt. bei Waren und Neubrandenburg gefördert werden. Braunkohle als weiterer Energiestoff liegt in geringen Mengen im Südwesten Mecklenburgs bei Malliß. Sie wurde vom Anfang des 20. Jh. bis in die fünfziger Jahre hinein abgebaut. Auch Torf, der früher als Heizmaterial diente und weit verbreitet ist, wird heute noch zur Bodenverbesserung und vor allem für medizinische Zwecke bei Moorbädern z. B. in Bad Doberan oder Bad Sülze verwendet.

Von geringem Wert sind heute die Salzlager und Salzquellen aus der Zechsteinzeit. Greifswald z. B. hat sich neben solchen Solequellen entwickelt. Die Solequellen kommen an vielen Stellen im Lande vor, hingewiesen sei auf ihre medizinische Nutzung in Bad Sülze oder in Heringsdorf. Um 1900 wurden Kalisalze bei Conow in Südwestmecklenburg gefördert.

15.1 Bodenschätze in Mecklenburg-Vorpommern

16.1 Blühende Apfelbäume zeigen den Vollfrühling an

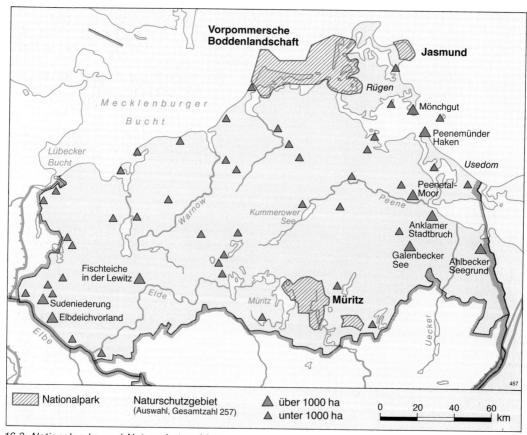

16.2 Nationalparke und Naturschutzgebiete

2.5 Klimatische Verhältnisse

Für das Verständnis der Naturbedingungen ist es wichtig, etwas über die klimatischen Verhältnisse zu wissen, denn sie beeinflussen die Lebensbedingungen und Wirtschaftsmöglichkeiten der Menschen oft entscheidend. Mecklenburg-Vorpommern gehört in den Bereich des gemäßigten Klimas und wird durch einen West-Ost- und Nord-Süd-Wandel geringfügig differenziert, wie aus der Tabelle erkennbar ist. Der etwas stärker maritime Nordwesten verändert sich in den mehr kontinental beeinflußten Südosten. Ein ausgeglichenerer Küstenstreifen kann davon unterschieden werden.

Das Klima in Mecklenburg-Vorpommern

	Warnemünde	Schwerin	Greifswald	Neubrandenburg
Temperatur (in °C)				
Januar	0,1	− 0,4	− 0,7	− 1,1
Juli	16,7	16,8	16,7	16,6
Jahr	8,3	8,2	7,9	7,8
Jahresniederschlag (in mm)	592	625	552	569

Die Differenzierung mag folgende Übersicht verdeutlichen:
- Niederschläge nehmen von West nach Ost ab.
- Größere Niederschlagsmengen fallen im Bereich der Elbmündung und auf den höher gelegenen Teilen der Insel Rügen.
- Sehr viel weniger Niederschläge erhalten der schmale Küstenstreifen und die Gebiete des östlichen Teils des Nördlichen Landrückens ab Malchin-Teterow.
- Niederschlagsarm ist das untere Odergebiet.
- Temperaturunterschiede sind gering.
- Das östliche Küstengebiet ist kühler als das Binnenland, bedingt durch den Einfluß der Ostsee.
- Das äußert sich an der Küste durch späten Frühlingsbeginn und im Vergleich zum Binnenland durch mildere Winter.

Diese klimatischen Einwirkungen – besonders auf die Landwirtschaft – zeigen u. a. die Angaben zur Blütezeit von Pflanzen, wobei z. B. die Apfelblüte als Zeichen des Vollfrühlings, die im Süden ungefähr 125–130 Tage nach Jahresbeginn einsetzt, erst drei Wochen später auf Nordrügen zu beobachten ist.

2.6 Die Naturschutzgebiete

Nach der Beschreibung und Erklärung der physischen Geographie des Landes ist zu fragen: Gibt es noch Landesteile, in denen die natürlichen Verhältnisse weitgehend erhalten und Schäden durch den Menschen gering sind? Da Mecklenburg-Vorpommern in seiner wirtschaftlichen Entwicklung von der Landwirtschaft geprägt ist, ist die Landschaft trotz der Einführung neuer Arbeitsmethoden relativ wenig angegriffen. Man findet noch zahlreiche Plätze, die eine naturnahe Pflanzen- und Tierwelt besitzen. Das hat, seitdem sich die Menschen verständnisvoller ihrer Umwelt zuwenden, zu Bestrebungen des Schutzes der Natur geführt. So sind bereits vor zwei Generationen erste Naturschutzgebiete geschaffen worden. In den letzten Jahren hat man etwa 30 % des Landes unter Schutz gestellt: 3 Nationalparke, 1 Biosphärenreservat, einige Naturparke und zahlreiche Naturschutzgebiete. Hinzu kommen mit geringeren Schutzansprüchen Landschaftsschutzgebiete.

Nationalparke sind Landschaften, die eine überwiegend naturnahe Vegetation und eine vielfältige Tierwelt haben und in diesem Zustand erhalten oder dahin zurückgeführt werden sollen. Sie sind in eine Kernzone mit vollem Schutz und in eine Pflegezone, in der eine Pflege und eine ge-

18.2 Kraniche

18.1 Im Nationalpark Müritz

18.3 Wollgras

wisse Nutzung gegeben ist, eingeteilt. Der größte Nationalpark ist die vorpommersche Boddenlandschaft. Er ist 805 km² groß, davon sind 118 km² Landfläche. Er umfaßt den Darß-Zingst sowie Hiddensee und Randteile Westrügens mit den dazugehörigen Bodden. Neben der Erhaltung von Wäldern und Dünen dient der Park als Rastort für die Vogelwelt, wobei der Kranich besonders auffällt. An der Küste ist noch der Nationalpark Jasmund mit 30 km² zu nennen, der die Kreideküste mit den dahinter liegenden Buchenwäldern erfaßt. Der dritte ist der Müritzpark mit 318 km². Seen, Sölle, Moore, Brüche und Endmoränen gehören dazu. Eine vielfältige Tierwelt belebt die Wälder, die 65 % der Fläche bedecken.

Neben den Nationalparken bestehen zahlreiche Naturparke, in denen eingeschränkt wirtschaftliche Nutzungen mög-lich sind, wobei das Erholungswesen im Vordergrund steht. Solche Naturparke sind die Insel Usedom, das Gebiet Feldberg, das Elbtal u. a.

Eine gewisse Besonderheit ist das Biosphärenreservat Südost-Rügen, das ein Forschungsgebiet darstellt, zu dem sowohl Naturschutzgebiete als auch bewirtschaftete Gebiete gehören.

Zu den verschiedenen Formen des pfleglichen Umgangs mit der Natur gehören auch die Landschaftsschutzgebiete, in denen nur eine Beachtung landschaftspflegerischer Maßnahmen gefordert wird, die aber sonst eine wirtschaftliche Tätigkeit zulassen. Als Beispiele seien erwähnt die Lewitz südlich Schwerin und die Krakower Seenlandschaft. Alle diese Maßnahmen sollen eine Zerstörung unserer Umwelt verhindern helfen und zu einem neuen Umweltverständnis führen.

3 Wie Stier und Greif zusammenkamen

Im Wappen des neuen Landes stehen links oben und rechts unten der mecklenburgische Stier als Zeichen der alten Großherzogtümer Mecklenburg-Schwerin und Strelitz, rechts oben der pommersche Greif und links unten der brandenburgische Adler als Hinweis auf Teile der Uckermark, die bei Mecklenburg-Vorpommern bleiben wollen, und als Zeichen für die lange Verbindung Pommerns mit Brandenburg-Preußen. Im Wappenschild spiegelt sich so die geschichtliche Entwicklung wider.

3.1 Frühes Leben an der Küste und im Hinterland

„Der Schüler Wolfgang Zeug aus Hohen-Viecheln legte am 10. September 1952 eine aus Knochen geschnittene gekerbte Spitze vor, die er am Ausfluß des sogenannten Wallensteingrabens aus dem Schweriner See gefunden hatte." *(In: Schuldt, E.: Jahrbuch für Bodendenkmalpflege in Mecklenburg. Schwerin 1952.)* Das war der Anfang für eine erfolgreiche Grabung, die die Kenntnisse über das Steinzeitalter im Lande erweiterte. Nach vereinzelten Funden von bearbeiteten Geweihstangen und Steinwerkzeugen ordnet man die ersten Menschen, die als Jäger und Sammler in der Tundra oder Waldtundra auftauchten, noch in die ausgehende Altsteinzeit, dem Paläolithikum (vor 10 000 Jahren) ein. Von einer ausgedehnten Besiedlung kann man aber erst in der Mittelsteinzeit, dem Mesolithikum (8000–4000 v. Chr.) sprechen. Das Verteilungsbild der Funde zeigt, daß der gesamte Raum besiedelt war. Die Menschen des Mesolithikums haben erhebliche Veränderungen der Natur erlebt. Sie haben ihre Wohnplätze, weil der Grundwasserspiegel anstieg, auf andere Stellen verlegen müssen. Sie haben ab 6000 v. Chr. das Vordringen des Meeres erlebt, das langsam über einige tausend Jahre hinweg die heutigen Küsten schuf. In diese sich neu bildende Naturlandschaft brachten dann die zwischen 4000 und 3000 v. Chr. einwandernden Gruppen den Ackerbau und die Viehzucht mit. Es ist die Zeit des Neolithikums, der Jungsteinzeit. Sie brannten Teile der vorhandenen Wälder nieder und säten Weizen und Gerste, hielten Schafe und Rinder. Wenn der Boden keine guten Ernten mehr brachte, zogen sie weiter und rodeten und brannten neue Flächen ab

(Brandrodung). Ihre Toten bestatteten sie in großen Steingräbern, die von einfachen Steinkisten, den Dolmen, bis zu den großen steinernen Ganggräbern reichen. Ein gutes Beispiel ist der sogenannte Teufelsbackofen im Kreis Grevesmühlen. Sein Name weist auf die Vorstellungen unserer Vorfahren hin, nach denen solche Steinsetzungen von Menschenhand nicht gebaut sein konnten. Von den vielen Hunderten von Gräbern, die man früher fand, sind heute nur wenige übrig geblieben; dazu gehören z. B. die Gräber auf Rügen, wie das Herzogsgrab auf Mönchgut.

Mit dem Import von Kupfer und Bronzewaren beginnt dann im 2. Jahrtausend v. Chr. die Bronzezeit, die man bis etwa 600 v. Chr. rechnet. Während anfangs mehr fertige Produkte eingeführt werden, sind es später die Rohmaterialien Kupfer und Zinn, die dann im Lande verarbeitet werden, wenn auch der Gebrauch der alten, meist steinernen Geräte nicht völlig verschwindet. Der Ackerbau breitet sich aber weiter aus und führt den Hafer als neue Frucht ein. Für die allgemeine kulturelle Entwicklung in dieser Zeit sprechen die zahlreichen Schmuck- und Kultgegenstände. Auch erste Musikinstrumente wie Luren und Hörner sind gefunden worden.

Im 1. Jahrtausend v. Chr. tauchen erste eiserne Werkzeuge auf und bestimmen bald das Bild der Geräte und des Schmuckes. Das feuchter werdende Klima veranlaßte die Bauern, die schweren Böden aufzugeben und sich den leichter zu bearbeitenden Sandböden zuzuwenden. Als Hauptfrucht erscheint jetzt der Roggen, weil der Weizen auf diesen neuen Böden zu unsicher im Ertrag ist. Die Eisenerzeugung gewinnt an Bedeutung, als man das Raseneisen- oder

Sumpferz, das in feuchten Niederungen entstanden war, zu nutzen anfängt. Die Menschen dieser Zeit werden in den Schriften der Römer als Germanen bezeichnet. Einzelne Stammesnamen sind aber nur sehr allgemein auf den mecklenburgischen Raum anzuwenden. In den letzten Jahrhunderten vor Christi gibt es schon Handel der Germanen mit den Römern, wie die Funde von Schmuck und Münzen beweisen. Eine solche Fundzone führt von Ludwigslust ostwärts des Schweriner Sees bis in den Raum von Rerik. Sie läßt einen alten Handelsweg von Süden zur Ostsee, von wo man wohl vor allem Bernstein nach Süden brachte, vermuten.

In den ersten Jahrhunderten nach Christi wandern die Germanen weitgehend aus dem Ostseeraum nach Süden ab. Das Land wird menschenleer.

3.2 Neue Stämme ziehen ins Land

Wer sich einen Stadtplan von Schwerin ansieht, stößt auf den Namen Obotritenring. Mit dieser Bezeichnung erinnert die Stadt an ihre frühen Bewohner, die Obodriten oder Abodriten, wie man sie auch schreibt. Sie sind eine Stammesgruppe der Slawen, die wahrscheinlich um 600 v. Chr. aus dem Donauraum in das an Schleswig-Holstein nach Osten anschließende Land gezogen ist und hier mit seinen verschiedenen Stämmen siedelte. Die Michelenburg (Mecklenburg) zwischen Wismar und Schwerin war ihr Hauptsitz, der dem Lande später den Namen gab. An sie schloß sich nach Osten die Gruppe der Lutizen oder Wilzen an, die zwischen Warnow und der Oder ihre Dörfer anlegten. Zwischen Oder und Weichsel wohnten an der Küste die Pomoranen, die später nach Westen bis zur Peene herrschten. Auf Rügen und dem angrenzenden Festland hatten die Ranen ihre Sitze.

Mit diesen slawischen Völkern beginnt die eigentliche Geschichte von Mecklenburg-Vorpommern. Zunächst leben die einzelnen Stämme durch große Waldungen voneinander getrennt. Mittelpunkt ihres Siedlungsgebietes ist meist eine günstig gelegene Burganlage, die aus einem Erdwall mit Befestigungen besteht. In Abständen darum herum liegen die Gehöftgruppen einzelner Familien und Sippen.

Im Laufe der jahrhundertelangen Entwicklung vergrößern sich die Siedlungsräume, die Wälder werden kleiner. An wichtigen Verkehrskreuzungen oder an politisch hervortretenden Plätzen wachsen die Siedlungen schneller und stärker. Sie werden im 11. Jh. und danach frühstädtische Zentren und damit Vorläufer späterer Städte. Von den Anfängen dieser Entwicklung wissen wir nur aus Ausgrabungen, wie z. B. aus Groß Raden, Kr. Sternberg, das zugleich auch kultischer Mittelpunkt war, wie Arkona auf Rügen oder Rethra.

Genaueres über das Geschehen in der damaligen Zeit gewinnen wir erst aus den schriftlichen Nachrichten des 8. Jahrhunderts. In ihnen wird von einem Kriegszug Karls des Großen 789 n. Chr. mit den Obodriten gegen die Wilzen gesprochen. Bis zur Peene sei der Zug gegangen. Das weist auf Ausbreitungswünsche des Fränkischen Reiches hin. Eine zweite Stoßrichtung kommt aus dem Norden, aus Dänemark. Die Dänen erobern 808 den Handelsplatz Rerik. Die Lage Reriks ist noch heute unklar. Eine Meinung besagt, Rerik sei identisch mit Mecklenburg, eine zweite verlegt den Ort an den Burgwall bei Alt-Gaarz, der heutigen Stadt Rerik. Sie erhielt deshalb 1938 ihren Namen. Eine dritte Ansicht sucht den Platz gegenüber dem Zugang zur Insel Poel.

Von deutscher Seite werden zum Schutz der eigenen Grenzen von Otto I. 936–937 Sicherungszonen, die Marken, geschaffen. Das Verhältnis zwischen dem Deutschen Reich und den slawischen Völkern wechselt. Es gibt Zeiten, in denen Bündnisse bestehen, und Perioden der Feindschaft. Der von den Wilzen bzw. Lutizen 983 angeführte Slawenaufstand zerstört für über 100 Jahre alle Kolonisierungsansätze.

Im 12. Jh. setzt sich in Mecklenburg und Pommern das Christentum durch. 1154 wird in Oldenburg ein erstes Bistum gegründet, dem bald ein zweites im Ort Mecklenburg folgt. Es wird aber 1167 nach dem günstiger gelegenen Schwerin umgesetzt. Pommern wird bereits 1124 und 1128 durch zwei Reisen des Bischofs Otto von Bamberg der christlichen Kirche zugeführt. Das Fürstentum Rügen als dritte staatliche Einheit wird 1168 nach der Eroberung Arkonas durch die Dänen christianisiert und lehnsabhängig.

Die Obodriten werden vom Sachsenkönig Heinrich dem Löwen besiegt, der 1160 den Obodritenfürsten Niklot schlägt und dessen Sohn Pribislaw 1167 Mecklenburg als Lehen übergibt. Pribislaw ist der Stammvater der Mecklenburger Herzöge, die bis 1918 dort regiert haben. 1170 wird er von Friedrich I. als Reichsfürst anerkannt. Die pommerschen Herzöge erreichen diesen Status 1181 in Lübeck durch Friedrich I.

3.3 Die Kolonisation Mecklenburgs und Pommerns

In den letzten Jahrzehnten des 12. Jh. beginnt die Kolonisation Mecklenburgs und Pommerns. Die Fürsten und der Adel rufen Siedler aus den angrenzenden Ländern Nordwestdeutschlands in das Land. Sie versprechen Land und persönliche Freiheit, für einige Jahre auch Abgabenfreiheit. Sie beauftragen Siedlungsunternehmer, Lokatoren, mit der Werbung und Verteilung des gestellten Landes. Da westlich der Elbe das Land dicht besiedelt ist, finden sich viele junge Menschen für diese Aufgabe. Während im westlichen Mecklenburg der Landweg bevorzugt wird, kommen weiter im Osten die neuen Bauern auf dem Seeweg. Eine dritte Gruppe gelangt von Süden her über Brandenburg nach Norden in den Oderraum. In Mecklenburg und Vorpommern entstehen kleine Anger- und Platz- (Rundlinge) sowie Straßendörfer mit dem niederdeutschen Hallenhaus bzw. dessen Vorläufer, die den Siedlungen das Gepräge geben. In dem sogenannten mittelpommerschen Keil, also der von Süden kommenden Siedlerwelle, entwickeln sich große Anger-, Platz- und Straßendörfer mit dem mitteldeutschen Gehöft und dem Mittelflurhaus. Eine Besonderheit in den waldreichen Teilen Nordostmecklenburgs und Vorpommerns sind die mit der Endung -hagen versehenen Orte, wie Hanshagen oder Mannhagen, die als Rodungsdörfer in der Form eines Reihendorfes entstanden und ein besonderes Erbrecht hatten. Aber

auch Namen mit den Endungen -horst, -wald, -hau wie Immenhorst, Willerswalde, Segebadenhau weisen auf die Rodungstätigkeit dieser Zeit hin. Wo alte, einheimische Bauern wohnten, wurden die Orte erweitert oder umgesetzt. Die Größe einer Bauernstelle reichte für den Unterhalt einer Familie in der Regel aus.

Da im Laufe der Zeit weniger Bewerber da waren, vergrößerte man die Hofstellen, um einen Anreiz zu schaffen. Eine Landhufe war das Grundmaß. Ihre Größe schwankt nach heutigen Vorstellungen zwischen 15 ha und 20 ha. In Pommern betrug sie 19,6 ha. In den Hagendörfern hatte sie die doppelte Größe. Dieser Siedlungsprozeß, der Ende des 12. Jh. im Westen einsetzte, flaute Mitte des 13. Jh. wieder ab.

Dieses bäuerlich bestimmte Siedlungsnetz wird durch die Gründung von Städten gestützt. Sie entstehen etwa im Abstand von 30 km, der Tagereise eines Planwagens, im allgemeinen auf Veranlassung des Landesherrn. Sie werden Sammelpunkte des örtlichen und teilweise des überörtlichen Handels, des Handwerks und des Gewerbes und damit zentrale Orte für einen mehr oder weniger großen Bereich.

3.4 Der Ausbau des Landes

Eine Sonderstellung gewinnen vom Ende des 13. Jh. bis in das 17. Jh. die Hafenstädte Wismar, Rostock, Stralsund, Greifswald, Demmin, Anklam und andere, die mit Lübeck das wendische Viertel der Hanse bilden. Diese ist anfangs ein Zusammenschluß von Kaufleuten mit dem Sitz auf Gotland, wird dann aber zur Städtehanse, zu deren Mitgliedern Städte von der Nordseeküste Flanderns bis nach Gotland zählen. Sie tauschen Fertigwaren wie Tuche und Metallwaren aus Nordwesteuropa mit Getreide, Fischen, Häuten und Fellen sowie Waldprodukten aus dem Ostseeraum und Rußland. Die wendischen Städte haben vor allem nach Skandinavien und Rußland Beziehungen, wohin sie Getreide, Mehl und Bier aus ihrem Einzugsgebiet liefern und dafür Fische, Felle, Teer, Kupfer u. a. vom Norden und Osten bekommen. Der Höhepunkt ihrer politischen Wirksamkeit ist nach kriegerischen Auseinandersetzungen mit Dänemark der Friedensschluß in Stralsund 1370, der der Hanse für eine Generation großen politischen Einfluß im Ostseeraum sichert.

Die gesellschaftliche Entwicklung in Europa führt im 15. und 16. Jh. zu neuen Lebensauffassungen, die ein freieres, auf das Diesseits bezogene Denken fördern. Auch Mecklenburg und Pommern werden davon erfaßt. Die Gründung der Universitäten in Rostock 1419 und in Greifswald 1456 künden davon. Die Reformation der Kirche durch Luther Anfang des 16. Jh. dringt in die Länder ein und Pommern schließt sich 1534, Mecklenburg 1549 dieser Richtung an. Soziale Auseinandersetzungen in den Städten, die Einführung des Römischen Rechts und die Anfänge des Aufbaus moderner Verwaltungsstrukturen eines Beamtenstaates lösen das alte System der Lehnsherrschaft auf. An die Stelle persönlicher Abhängigkeiten treten dingliche, d. h. sachbezogene. Der Adel hat keine Kriegsfolge mehr zu leisten, sondern Abgaben zu geben. Sein bisheriger Lehnsbesitz wird Eigentum. Als Grundeigentümer kümmert er sich nun in erster Linie um diesen und sichert sich die historisch festgelegten Dienste der auf seinem Grund und Boden wohnenden Arbeitskräfte für seinen landwirtschaftlichen Betrieb. Die Schaffung dieser Eigenbetriebe, den Gütern, führt zu einem wirtschaftlichen Aufschwung. Dieser wird durch einsetzende Kriege abgebrochen.

3.5 Das Jahrhundert der Kriege

Der 1618 beginnende Dreißigjährige Krieg erreicht 1626 Mecklenburg, als der mit Mecklenburg verbündete dänische König Christian IV. von einem Kaiserlichen Heer geschlagen und durch wallensteinische Truppen auf die dänischen Inseln vertrieben worden war. Wallenstein besetzt nach Absetzung der Herzöge Mecklenburg und erhält das Land vom Kaiser übertragen. Seine Versuche, die Verwaltung und Wirtschaft zu reformieren, werden nach 1630, als die Herzöge wieder eingesetzt werden, nicht fortgesetzt. Geblieben ist der Rest des sogenannten Wallensteingrabens, der eine Kanalverbindung vom Schweriner See nach Wismar schaffen sollte. Das Land leidet schwer durch die Besetzung.

Auch Pommern, das erst 1627 in den Krieg hineingezogen wird, geht es nicht anders. Stralsund, das sich mit dänischer und schwedischer Hilfe gegen Wallensteins Heer halten kann, wird, als Gustav II. Adolf 1630 bei Peenemünde auf Usedom landet, Stützpunkt der schwedischen Armee. Das

22.1 Slawischer Burgwall in Groß Raden (Rekonstruktion)

Land wird stark zerstört. Als 1648 der Frieden in Münster und Osnabrück abgeschlossen wird, leben von den 300 000 Menschen, die vor dem Kriege in Mecklenburg gelebt haben, nur noch etwa 50 000.

Während in Mecklenburg nach dem Zwischenspiel Wallensteins das alte Herzogshaus weiter regiert, tritt in Pommern durch das Aussterben der Herzogsfamilie (Bogislaw XIV. 1637) der Erbfall ein, nach dem Brandenburg die Nachfolge erhalten soll. Doch Schweden nimmt für sich das Kriegsrecht in Anspruch, und es kommt zur Teilung: Pommern ostwärts der Oder erhält Brandenburg, Rügen und Vorpommern mit Stettin bleiben schwedisch. Hinzu kommen von Mecklenburg Wismar, Neukloster und Poel. Die Verwaltung wird weitgehend nach den alten landeseigenen Gesetzen fortgeführt. Um aber die Besteuerung besser zu gestalten, wird um 1700 das ganze Land vermessen, kartiert und beschrieben. Diese schwedische Landesvermessung ist ein frühes genaues kartographisches Zeugnis unseres Landes.

Die zweite Hälfte des Jahrhunderts bleibt unruhig. Pommern wird in die Auseinandersetzungen zwischen Schweden, Polen und Brandenburg hineingezogen (1655–1660), ebenso in die Kämpfe zwischen Schweden und Brandenburg (1674–1679) und auch in den Nordischen Krieg (1700–1720/21) zwischen Schweden, Rußland, Polen, Dänemark und Brandenburg. Am Ende dieses Krieges wird Pommern bis zur Peene preußisch. Diese politischen Zuordnungen bleiben auch im 18. Jh. bestehen.

Die Kriege Preußens bremsen zwar den wirtschaftlichen Aufschwung, können ihn aber im preußischen Teil nicht aufhalten. Im schwedischen Bereich versucht man unter Beibehaltung der historischen Verwaltungs- und Rechtsreformen, wirtschaftliche Verbesserungen zu bringen. Die im 17. Jh. in Pommern und Mecklenburg eingeführte Erbuntertänigkeit, d. h. die Bindung des Bauern an seinen Hof, gibt den Grundbesitzern die Möglichkeit, die auf ihrem Besitz liegenden Bauernhöfe einzuziehen und so größere Betriebe, Güter, zu bilden (Bauernlegen). Auf diese Weise wird in beiden Ländern der historische Bauernstand weitgehend vernichtet.

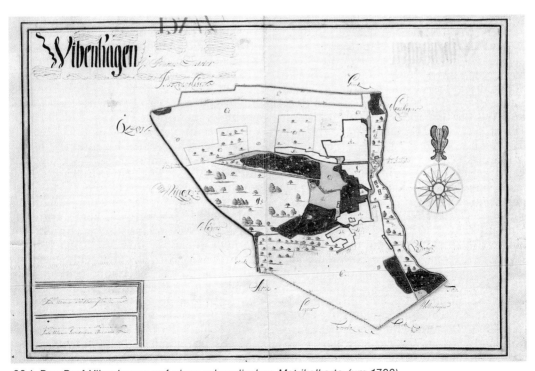

23.1 Das Dorf Vibenhagen auf einer schwedischen Matrikelkarte (um 1700)

3.6 Mecklenburg und Pommern im Übergang des 18./19. Jh.

Nach der Teilung in Mecklenburg-Schwerin und Mecklenburg-Strelitz (Land Stargard und Fürstentum Ratzeburg) im Hamburger Vergleich von 1701, kommt es nach vergeblichen Versuchen, den Absolutismus im Lande durchzusetzen, 1755 zum „Landesgrundsetzlichen Erbvergleich", der die Rechte und Pflichten des Herzoghauses, der Ritterschaft und der Städte festschreibt. Diese Grundsätze haben bis 1918 Gültigkeit gehabt.

Als Anfang des 19. Jh. im Zusammenhang mit den politischen Veränderungen in Europa der österreichische Kaiser seine deutsche Kaiserkrone ablegt, hört das Römische Reich deutscher Nation auf zu bestehen. Schweden betrachtet daraufhin seinen Pommerschen Landesteil als schwedische Provinz und versucht, die schwedischen Gesetze einzuführen. Bevor sie wirksam werden, überzieht Napoleon das Land mit Krieg. Der Zusammenbruch Preußens in diesem Krieg führt zu einer Neugestaltung der veralteten Verwaltungsstruktur, bei der 1810 die Bauernbefreiung und die Selbstverwaltung der Städte eingeführt werden. Nach dem Sieg der verbündeten Mächte Europas über Napoleon werden auf dem Wiener Kongreß 1815 die Mecklenburger zu Großherzögen erhoben. Schwedisch-Vorpommern kommt gegen Zahlung von $3^{1}/_{2}$ Millionen Taler an Preußen. Wismar und andere Territorien waren schon 1803 an Mecklenburg verpfändet worden. Sie wurden 1903 rechtlich mecklenburgisch.

Als preußische Provinz bleibt Pommern landwirtschaftlich orientiert, auch wenn in den Städten wie Stettin, aber auch in Stralsund und Greifswald, Industriebetriebe des Maschinenbaus und für die Verarbeitung landwirtschaftlicher Produkte entstehen.

Einen großen Ausbau erfahren die Verkehrsverbindungen mit dem Bau von Chausseen und später der Eisenbahn. Die mecklenburgischen Staaten sind ebenfalls Agrargebiete. Die Bauernbefreiung erfolgt nach 1820. Der notwendige Ausbau der Infrastruktur erfolgt aber zögernder. Während Pommern als Teil Preußens schon 1834 von der Aufhebung der Binnenzölle profitiert, erlebt Mecklenburg diese Vorteile erst 1868, als es sich dem Norddeutschen Bund anschließt.

3.7 Zwischen 1871 und 1990

Mit der Gründung des Deutschen Reiches 1871 werden Mecklenburg und Pommern Teil desselben. Nach dem Ersten Weltkrieg werden die mecklenburgischen Herzogtümer Freistaaten, nachdem der beide Länder regierende Großherzog im Zuge der Revolution abgedankt hat. 1934 vereinigen die Nationalsozialisten die beiden Staaten. Nach dem Zweiten Weltkrieg entsteht das Land Mecklenburg-Vorpommern, das nach 1947 nur noch Mecklenburg heißt. Die Gebietsreform von 1952 schafft drei Bezirke: der Bezirk Rostock erfaßt die Außenküste der damaligen DDR, den Bezirk Schwerin, der den westlichen Landesteil und einige Kreise von Brandenburg umfaßt und den Bezirk Neubrandenburg mit dem alten Mecklenburg-Strelitz, der Uckermark sowie Teilen Vorpommerns.

Die Wirtschaftsstruktur wird in den nächsten Jahrzehnten verändert. Die DDR will wirtschaftlich unabhängig werden. Deshalb werden in den Städten neue Industriebetriebe angesiedelt und vor allem den Küstenstädten durch den Ausbau der Häfen und den Aufbau von Werften Aufgaben gestellt, die wesentlich über ihre früheren hinausgehen. Die Landwirtschaft wird ebenfalls nach dem Prinzip, daß die Produktionsmittel, also Boden und Maschinen, gesellschaftliches Eigentum sein sollen, durch die Bildung von volkseigenen Gütern (VEG) und landwirtschaftlichen Produktionsgenossenschaften (LPG) umgestaltet. Mit der Vereinigung Deutschlands setzt der Übergang zur Marktwirtschaft ein. Alle sozialistischen Strukturen werden aufgelöst und nach marktwirtschaftlichen Prinzipien neu gegliedert. Das gesellschaftliche Eigentum geht in die Hände der Treuhandgesellschaft über, die das Eigentum privatisiert, soweit es nicht an alte Eigentümer zurückgeht. Die staatliche Neugliederung schafft mit dem Einigungsvertrag am 3.10.1990 das Bundesland Mecklenburg-Vorpommern.

serreich 1871 - 1918

Provinz Pommern

Großherzogtum
Mecklenburg-
Schwerin
Schwerin

Großherzogtum
Mecklenburg-
Strelitz
Neustrelitz

Stettin

Königreich
Preußen

Provinz Brandenburg

471

Weimarer Republik
1920 - 1933
(1934 - 1945 Länder ohne
politische Bedeutung)

Lübeck

Land
Mecklenburg-
Schwerin

Land
Mecklenburg-
Strelitz
Neustrelitz
(1934 vereinigt)

Provinz Pommern

Stettin

Land Preußen

Provinz Brandenburg

472

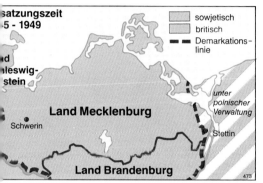

satzungszeit
5 - 1949

	sowjetisch
	britisch
▬ ▬	Demarkations-linie

leswig-stein

Land Mecklenburg

Schwerin

unter
polnischer
Verwaltung

Stettin

Land Brandenburg

473

Deutsche Demokratische
Republik 1952 - 1990

Bezirk Rostock

Rostock

Bundesrepublik Deutschland

Bezirk Schwerin

Schwerin

Neubrandenburg

Bezirk
Neubrandenburg

Polen

Stettin
(Szczecin)

474

25.1–5 Karten zur Geschichte und Gegenwart Mecklenburg-Vorpommerns

25

4 Vom Burgwall zum Hochhaus

Geht man durch die Straßen einer Stadt oder eines Dorfes, so sieht man sehr verschiedene Häuser. Sie sind unterschiedlich in der Größe, im Alter und in ihrem Baustil. Aus diesem kann man nicht nur die Zeit des Bauens, sondern auch manches über die Lebensvorstellungen und -gewohnheiten des Erbauers erfahren. Denkt man an unsere Vorfahren in vorgeschichtlichen Zeiten, so können wir uns nur ungefähre Vorstellungen von ihrem Leben in Hütten machen. Deutlicher werden die Aussagen, wenn wir an die Siedlungen der im heutigen Mecklenburg und Pommern wohnenden wendischen Völker der Obodriten, Wilzen, Pomoranen denken. Ihre Siedlungsmittelpunkte waren häufig Burgwälle, die wir an vielen Stellen im Lande finden und als Wohnburgen oder Flucht- oder Grenzfestungen einordnen können. Sie liegen meist an einer von Natur geschützten Stelle und waren, wie die Funde zeigen, häufig nur über lange Brückenwege zugänglich, wie in Teterow, Behren-Lübchin, Groß Raden. Die Häuser in diesen Anlagen waren aus Holz und zeigten verschiedene Bauweisen wie Block- oder Bohlenbau, Pfostenhäuser mit Lehm beworfenen Flechtwänden oder Fachwerke. Eine klare Gestalt der Siedlung ist bis zum 11. Jh. nicht auszumachen. Die Anlehnung an die natürlichen Gegebenheiten herrscht vor.

4.1 Die Anfänge unserer Dörfer und Städte

Die uns heute bekannten Grundrißformen der Dörfer und Städte bilden sich anscheinend erst im Zusammenhang mit der Einwanderung deutscher Siedler am Ende des 12. Jh. aus. Mit den Siedlern kommen auch deren Lebens- und Kunstauffassungen in unseren Raum und überdecken die alten Kulturen. Die neuen Formen zeigen sich zunächst ganz schlicht in den Grundrissen ihrer Siedlungen. Auf dem Lande tritt neben das Straßen- und Platzdorf das Angerdorf mit der Kirche auf dem Anger. Beim Aufbau der Städte wird ein rechtwinkliger Grundriß bevorzugt, in dem der Markt an

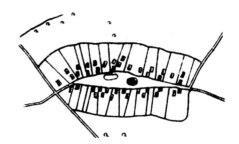

Großes Angerdorf: Kossebade

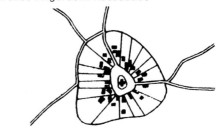

Großes Rundangerdorf: Brunow

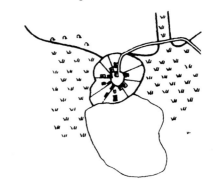

Rundling: Dehmen

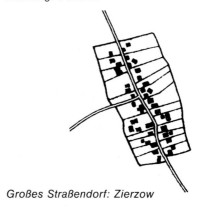

Großes Straßendorf: Zierzow

26.1–4 Dorfformen

einer Hauptstraße liegt und die Hauptfunktionsträger Rathaus auf dem Markt und Stadtkirche eine Einheit bilden.

Da die Stadtfläche gleichzeitig auch den Bezirk für das Stadtrecht darstellt, kann sie nach völliger Aufsiedlung nicht einfach erweitert werden, sondern man muß eine neue Stadtfläche zu gleichen Rechtsbestimmungen ausweisen. So entstehen bei den rasch aufblühenden Küstenstädten zwei bis drei solcher Städte in ein bis zwei Generationen nebeneinander. In der zweiten Hälfte des 13. Jh. werden sie zu einer einheitlichen Stadt zusammengeschlossen und ummauert. Ihre Größe hat dann bis ins 19. Jh. den Bewohnern Platz geboten. Da im Inneren des Landes sich die Wirtschaft langsamer entwickelte, reichte hier im allgemeinen ein Kern aus. Eine Ausnahme bildet Schwerin, wo die unterschiedliche Herrschaftsverteilung lange Zeit mehrere Verwaltungseinheiten nebeneinander bestehen ließ.

4.2 Die Zeit der Gotik

Die mittelalterlichen Lebens- und Rechtsauffassungen spiegeln sich auch im Architektur- und Kunstbereich der Gotik wider. Erhalten geblieben sind kirchliche und bürgerliche Bauten. Erstere vor allem auf dem Lande in den alten Dorfkirchen, die anfangs im Osten aus Feldsteinen errichtet werden, im Westen und im Küstenbereich bald aus Ziegeln oder in Mischbauweise. Damit entspricht das Alter der Kirchen mit einer gewissen Verzögerung dem Siedlungsgang. Von der Art her sind es meist ein- und mehrschiffige kleine Hallen mit gleichhohen Gewölbedecken und geradem Chorabschluß, der bei Ziegelbauten vielfach Schmuckelemente zeigt. Türme werden nicht überall gleich errichtet, sondern sind dann spätere Zutaten.

Eine zweite Gruppe sind die Bauten der Feldklöster, die nach den Bauvorschriften ihrer Orden gebaut sind. Von ihnen sind meist nur Ruinen erhalten geblieben, wie die in Eldena bei Greifswald oder in Dargun. Als erhaltene Gebäude finden wir heute noch die Kirche in Neukloster und das Münster in Bad Doberan. Von den Stadtklöstern sind in vielen Städten noch Gebäude stehen geblieben die entweder kirchlich oder als Museen und Archive genutzt werden wie in Rostock oder Stralsund.

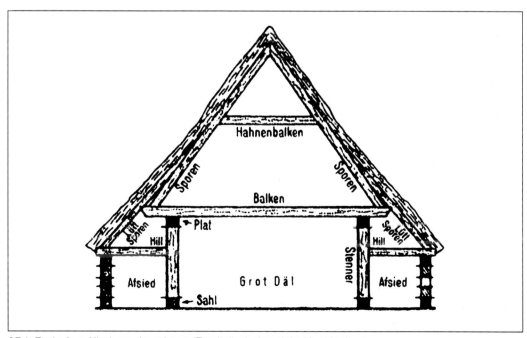

27.1 *Typisches Niedersachsenhaus (Zweiständerhaus) in Mecklenburg*

Höhepunkte der gotischen Baukunst sind die Kirchen in den Hansestädten an der Küste. Sie sind Mitte des 13. Jh. begonnen worden und je nach Größe und Kraft der Städte im 14. oder 15. Jh. fertig geworden und zeigen damit die Elemente der Hoch- und Spätgotik. Sie sind Hallenkirchen wie St. Marien und St. Jakobi in Greifswald und Nikolai in Rostock oder Basiliken im Typ der Kathedralkirchen mit hohen Mittel- und niedrigeren Seitenschiffen wie St. Marien in Rostock, St. Nikolai und St. Marien in Stralsund sowie St. Nikolai in Wismar. Ihr Vorläufer ist St. Marien in Lübeck. Von den Stadtkirchen im Inneren des Landes ist der Schweriner Dom ebenfalls diesem Kathedraltyp der Basilika zuzurechnen. In seinem Baukörper sind noch Teile des romanischen Vorgängerbaus enthalten. Die übrigen Stadtkirchen der gotischen Zeit sind vielfach Hallenkirchen mit geradem oder vieleckigem Chorabschluß, meist mit mächtigem Turmquadrat. Einzelne wie der Dom in Güstrow sind als Basilika entstanden.

Der Gotik sind zahlreiche Profanbauten zuzurechnen wie das schöne Rathaus mit Schauwand in Stralsund, oder die einfacheren in Parchim und Grimmen. Dem gotischen Rathaus in Rostock ist ein barokker Giebelteil vorgesetzt worden. Gotisch bis spätgotisch sind noch zahlreiche Bürgerhäuser, als Wohnspeicher bezeichnet, in Wismar, Rostock, Stralsund und Greifswald. Sie stehen als ehemalige Kaufmannshäuser mit einem Schmuckgiebel zur Straße, haben ein bis zwei Geschosse Wohnräume, die sich in dem sogenannten Kemladen, einer heizbaren Stube, weit nach hinten ziehen und darüber mehrere Stockwerke Speicherboden. Im Erdgeschoß bietet die große Diele Möglichkeiten, die Waren über einen Aufzug nach oben zu bringen (Beispiel: Stralsund, Mühlenstr. 1 und 3).

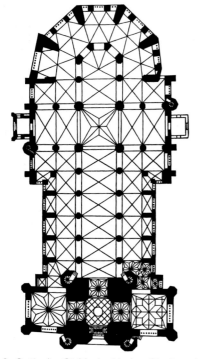

28.1–2 Gotische St. Marienkirche, Stralsund

29.1 Gotisches Deckengewölbe im Remtmer des Klosters, Stralsund

Neben diesen Giebelhäusern stehen in der gotischen Stadt mit der Längsseite zur Straße die kleineren Traufhäuser, die Buden, in den Nebenstraßen. Auf den Höfen, z.T. eingetieft in den Boden, einfache Häuser, die sogenannten Keller, für die armen Leute der Stadt.

Geschützt wird die Stadt durch Mauer, Wall und Graben. Sie sind bald nach der Stadtrechtverleihung als Zeichen dieses Rechts angelegt worden. Vielfach sind sie nach dem Verlust ihrer Bedeutung im 18. und 19. Jh. beseitigt worden. Am vollständigsten erhalten sind Toranlagen und Mauer in Neubrandenburg, wo neben den Toren auch noch Vortore und ein Zingel steht, ein halbrunder Vorbau vor dem Tor, der das Zerschießen desselben verhindern soll. Neben die Architektur tritt in der Zeit der Gotik auch die bildende Kunst mit Malerei und Plastik. Sie ist durchweg kirchlich geprägt. Die ältesten Werke stammen aus dem 14. Jh. So Plastiken aus dem Münster in Bad Doberan oder in der Stralsunder Nikolaikirche, die ihre Herkunft in den Werkstätten im Ostseeraum (Lübeck) haben. Auch eine Reihe von Taufsteinen gehören in diese Zeit. Zahlreicher werden diese im 15. Jh. Aus dem 14. Jh. sind auch schon Ausmalungen in Kirchen und erste Altargemälde bekannt. Die reicheren Küstenstädte gehen dabei voran. Im Binnenland sind ältere Arbeiten nur in den größeren Städten erhalten.

4.3 Zwischen Renaissance und Historismus

Die im 16. Jh. anschließende Renaisssance wirkt weniger im kirchlichen als im profanen Bereich. Hier sind es Bauten der Oberschicht, die heute noch zu betrachten sind. Hervorzuheben sind das Schloß in Güstrow, der Fürstenhof in Wismar und Teile des Schlosses in Schwerin. Wesentlich zahlreicher sind die Häuser des Landadels im ganzen Land, so z. B. in Basedow und in Spantekow. Auch das reiche Bürgertum errichtete neue Häuser in vielen Städten. Als technisches Bauwerk dieser Zeit ist die Wasserkunst, ein Brunnen, in Wismar zu erwähnen. Außerdem ist die Stuckarbeit in den Schlössern sehenswert.

Das folgende Barock mit seinen schwingenden Formen erreicht im 17. Jh. das Land. In der zweiten Hälfte des Jahrhunderts lassen auf dem Lande einige Adelsfamilien ihre Wohnhäuser neu gestalten wie z. B. Schloß Spyker auf Rügen. Lebhaft gestaltet sich das Bauen in den Hansestädten; zögernder entstehen Häuser im Binnenland. Der wirtschaftliche Aufschwung wirkt sich auch auf das Bauwesen aus. Jetzt ist es das Herzogshaus, das mit der Neugründung zweier Städte vorangeht.

Neustrelitz wird mit einem sternförmigen Grundriß angelegt. Eine Planung, die wegen des hügeligen Geländes nur zum Teil realisiert werden konnte. Das Schloß, nach Zerstörung im Zweiten Weltkrieg abgebrochen, lag mit barockem und später englischem Park daneben. In Ludwigslust entsteht ein Schloß anstelle eines Jagdhauses mit Parkanlage in barocker, später englischer Landschaftsform und an einer dazu senkrechten Achse der Ort, der aber erst 1878 Stadt wurde. Der Adel baut ebenfalls zahlreiche Schlösser und legt dazu geometrisch geformte Parkanlagen an. Von ihnen seien Schloß Bothmer in Klütz und Karlsburg bei Greifswald erwähnt.

Die sich festigende Wirtschaft motiviert auch den Hausbau in den Städten, in denen überall, vorrangig in den ehemaligen Hansestädten, Giebelhäuser mit barocken Fassaden sich dem Betrachter zeigen. Eine Reihe von Rathäusern werden barock überformt (Rostock) oder neu gebaut (Grabow als Fachwerkhaus, Stavenhagen als

Steinbau). Hinzu kommen Kirchen (wie z. B. die Schelfkirche in Schwerin) in Städten und in Dörfern. Auf dem Lande herrscht noch weitgehend das Niederdeutsche Hallenhaus, ein zweiständriges Fachwerkhaus mit Walmdach (Rohr) vor, aber durch amtliche Bauordnungen wird die Gehöftbauweise vorgeschrieben, und die Wohnhäuser erhalten vielfach mit dem Schornstein eine „schwarze", d. h. fensterlose Küche.

In der Plastik und Malerei zeigen sich vielfältige Formen. Es ist vor allem das Innere von Kirchen, das eine barocke Überformung erfährt. Die Werke der barocken Malerei kann man in den Museen und Galerien betrachten.

Die Zeit des Rokoko hat sich nur in der Innenausstattung niedergeschlagen wie z. B. im sogenannten Barocksaal im Rostocker Stadtpalais.

Gegen Ende des 18. Jh. erscheinen Elemente des Klassizismus, die sich Anfang des 19. Jh. durchsetzen. Bekanntester Baumeister dieser Zeit in Mecklenburg ist Carl Theodor Severin mit seinen Arbeiten in Bad Doberan und Heiligendamm. In Vorpommern ist es die Gründung und der Aufbau von Putbus, der, von dem Fürsten von Putbus veranlaßt, durch die Architekten August Stüler und J. Gottfried Steinmeyer

durchgeführt wird. In den Städten gibt es ebenfalls eine Reihe von entsprechenden Bauten, z. B. das Rathaus von Wismar. Eine neue Denkweise spielt auch bei der Landschaftsgestaltung eine Rolle. An die Stelle der geometrischen Formen des Barock treten Landschaftsparks nach englischem Vorbild (Ludwigslust, Neustrelitz, Schwerin, Putbus), die mit ihren Ruinen und kleinen Häusern im Park die Romantik verkörpern.

Danach setzt dann im Bauen der Historismus ein, der alle vergangenen Baustile wieder belebt. Eigenwillig sind dabei die Werke von Demmler in Schwerin wie das Arsenal oder der Marstall und der Umbau des Schlosses. Dem englischen Tudorstil oder der Renaissance nachempfundene Schlösser stehen z. B. in Neetzow, Klink und Ralswiek. In den Städten spiegelt sich diese Stilepoche in den Bauten der Post, der Bahn und anderen öffentlichen Gebäuden wider (Rostocker Universitätsgebäude).

Auf dem Lande tritt in Westmecklenburg das Niederdeutsche Hallenhaus als Vier-Ständer-Bau mit Schmuckgiebel auf, sonst dringt das Stadthaus auch in die Dörfer vor. Am Anfang des 20. Jh. bringt der Jugendstil in den Städten ein neues Element ins Stadtbild (Stralsund, Rostock). Die Ver-

30.1 Schloßgarten Schwerin

31.1 Neubauviertel Stralsund

städterung läßt dann Stadtviertel entstehen, die teilweise nach neuen Bauvorstellungen entworfen sind, wie die Gartenstadtviertel.

4.4 Die Bauten der Gegenwart

In den ersten Jahren nach 1945 geht es zunächst um die Beseitigung der Kriegsschäden in allen Orten. Eine in die Zukunft weisende Bauplanung fehlt weitgehend. Überlegungen gibt es in einigen Städten wie in Rostock, wo in der Langen Straße Bauelemente der norddeutschen Backsteingotik herangezogen werden, um die Verbindung zur Hansestadt zu dokumentieren oder in Neubrandenburg, wo man barocke Stilgruppen verwendet. In anderen Orten hat man im Gegensatz zu den verbauten Innenstädten der Vergangenheit Offenheit schaffen wollen und baut freistehende Blöcke wie in Anklam, Friedland, Pasewalk. Mit fortschreitender Planung und der Einführung der industriellen Plattenbauweise sind auf grüner Wiese große eintönig wirkende Stadtviertel und Vororte in den größeren und einzelne Straßen in den kleineren Städten enstanden. Erst in den letzten Jahren treten neben die Mehrfamilien- und Hochhäuser wieder Einfamilienbauten und zeugen von den Anfängen einer menschengerechten Architektur.

Auch die dörfliche Siedlungsentwicklung gerät in Bewegung, als mit der Verdoppelung der Einwohnerzahl durch die Umsiedlung das Dorf zwar Wohnort wird, aber nicht in jedem Falle Arbeitsort bleibt. Die Veränderungen in der landwirtschaftlichen Produktion durch Mechanisierung und Spezialisierung schaffen neue Siedlungsformen. Auf dem Lande beginnen sich Wohn- und Arbeitsplatz zu trennen. Die Bildung landwirtschaftlicher Großbetriebe konzentriert die Arbeitsstätten in neuen Produktionsorten, das alte bäuerliche Gehöft mit Wohn- und Arbeitsstätte wird vielfach überflüssig. Das Dorf verändert durch den Fortfall von Scheunen und Ställen sein Gesicht.

31

5 Das Niederdeutsche in Mecklenburg-Vorpommern

Wer kann den folgenden Text lesen und erklären?

„Jochen Baehnhas höll mit de goldne Kutsch vör de Dör, drei Lakayen hackten ein achter den annern achter up, de beiden Löpers swewten de Strat entlang, Rand satt up den Buck, un Dörchläuchten mit sin Christel-Swester seten in de Kutsch. – „Wohen?" frog Jochen Baehnhas. – „Ümmer grad ut." säd Rand, „aewer Stargard weg bet an uns' Grenz; aewer jo nich 'raewer aewer de Grenz, denn wi bereisen blot unsere eigenen Staaten." – Un Jochen Baehnhas' führte dörch Stargard un dörch Fredland bet an de preußsche Kawel un törnte dor de Pird': „Prrr, öh ha, – Hir is 't tau Enn'" – Un Dörchläuchten befohl, sei wullen nu mal gegen Morgen aewer Woldegk reisen, un as sei achter Woldegk nah Wulfshagen kemen, denn dreihte sick Kutscher Baehnhas' wedder up de Mähr üm un säd: „Rand, nu ist 't wedder all, wider geiht 't nich." – Un Prinzeß Christel, de dit hürt hadd, säd: „Dörchläuchting, dit is dat irstemal, dat ich so expreß dörch unsere Staaten reis"; ich hadd doch nicht dacht, dat so 'n kort Enn' wir." – „Christel", säd Dörchläuchten, „Du büst en Frugenstimmer un hest keinen Verstand dorvon, wat meinst Du woll, wat noch allens gegen den Middag tau liggt? Feldbarg un Mirow un Fürstenbarg, dat liggt noch all in mine Staaten, un denn reckt sick dor achter Mirow noch en Zippel in dat Swerinsche 'rinne, de kann sick allentwegen seihn laten." – „Ne, Dörchläuchten", säd Rand, de dit hürt hadd, „tau 'm Seihnlaten is de Gegend just nich, denn dor würd Sei de Sand doch eklich in de Ogen stömen, un dat möt ich weiten, denn ich bün dor in de Gegend bürtig." Un Dörchläuchten argerte sick aewer Randten sinen dummen Snack un kek ut de goldne Kutsch 'rut, un rep: „Jochen Baehnhas', nah Hus! Un morgen führen wi in de Förstenbarger un mirowschen Dannen."

Diese Zeilen aus „Dörchläuchting" stammen von Fritz Reuter, dem bekanntesten Dichter in niederdeutscher Sprache des 19. Jh. Die Handlung spielt um 1780 in Neubrandenburg und schildert die engen Verhältnisse im damaligen Mecklenburg-Strelitz, denn der Herzog wurde als „Dörchläuchting" bezeichnet. Fritz Reuter (7.11.1810–12.7.1874) wurde in Stavenhagen geboren, betätigte sich als Jurastudent in den politisch aktiven Burschenschaften gegen die reaktionäre Politik des Staates und wurde deswegen zunächst zum Tode verurteilt, dann aber zu 30 Jahren Festung begnadigt. 1840 wurde er aus der Festung Dömitz/Elbe entlassen. Er arbeitete auf einigen Gütern, war dann Hauslehrer in Treptow und von 1856 an freier Schriftsteller, zunächst 10 Jahre in Neubrandenburg und danach bis zu seinem Tode in Eisenach. Er schrieb niederdeutsch, der Sprache seiner Heimat. Seine Werke setzen sich, wie gezeigt, mit den Verhältnissen seiner Zeit auseinander. Als Beispiele seine noch genannt: Kein Hüsing (1857), Ut mine Festungstid (1862), Ut mine Stromtid (1863, 1864). Neben Reuter sind im 19. Jh. als weitere Schriftsteller des Niederdeutschen vor allem noch zu nennen John Brinckmann, Klaus Groth und Rudolf Tarnow.

Die niederdeutsche Sprache, oder auch das Plattdeutsche, war zu seiner Zeit noch weitgehend Umgangssprache. Im Mittelter war sie nach dem Rückgang des Lateinischen Amtssprache und ist vor allem durch den Schriftverkehr der Hansestädte auf uns gekommen. Aber auch die Literatur unseres Gebietes war so abgefaßt. Die niederdeutsche Fassung des „Reineke de Voss" wurde zuerst 1488 zu Lübeck gedruckt, danach auch in Rostock und erst später von Goethe ins Hochdeutsche übertragen. Erst mit der Bibelübersetzung Luthers wurde das Niederdeutsche langsam durch das Hochdeutsche aus dem allgemeinen Verkehr verdrängt, blieb aber noch bis in unser Jahrhundert hinein Umgangssprache. Erst die zunehmende Mobilität der Bevölkerung und die großen Verschiebungen nach dem Zweiten Weltkrieg ließen die Sprache zurücktreten. Heute sind es meist nur die älteren Menschen auf dem Dorf und in der Stadt, die noch „plattdütsch snacken künn". Versuche, sie wieder ins allgemeine Bewußtsein zu rücken, haben bisher nur begrenzte Erfolge.

Das Niederdeutsche bildete sich als Sprache dadurch heraus, daß es die z. B. im 6. Jh. beginnende „hochdeutsche Lautverschiebung" nicht mitgemacht hat. Während es im Hochdeutschen z. B. ‚essen' oder ‚Haus' heißt, wird im Niederdeutschen ‚äten' oder ‚Hus' gesprochen. Da es nur mit Schwierigkeiten die modernen Wortschöpfungen aufnehmen kann, hat es keine Möglichkeit, wieder zu einer allgemeinen Sprache aufzusteigen, auch wenn viele Ausdrücke, die im Hochdeutschen hart klingen, im Plattdeutschen gemütlicher anzuhören sind.

De schew Globus

Nu wier vergahn all männig Johr,
Un ok ein Globus wier all dor,
Un Klickermann wier forsch dorbi
Mit Weltgeschicht un Gegrafi,
Un fragen künn he, krüz un quier,
De Görn, de wißten noch väl mihr.

Hüt oewer hett oll Klickermann
Den swarten Herrgottsdischrock an
Un sitt so mastig up den Stauhl,
Un musingstill is rings de Schaul,
Denn wedder giwt he Gegrafi, –
Un de Herr Schaulrat sitt dorbi.

Herr Schaulrat oewer is taufräden,
De Görn, de wüßten, wat se säden.
»Ja«, seggt he, »lieber Klickermann,
Was ich als Schulrat fordern kann
Auf dem Gebiet der Geographie,
Ich bin erfreut, das wußten sie,
Die Kinder waren gut beschlagen;
Nun möcht' ich selbst noch etwas fragen,
Nur *eine* Frage soll es sein,
Es fiel mir nebenbei so ein.«
Un ward nu nah 't Katheder gahn,
Dor würd dat Dings von Globus stahn,
Up dissen Glubus wiest he hen.
»Nun sagt mal, Jungs, wie kommt es denn,

Daß hier die Kugel, wie Ihr seht,
Ganz schief nach einer Seite steht?
Steht denn der Globus immer so?
Wie kommt es wohl, Karl Beggerow?«
Wat? denkt nu Korl, schew sall he stahn?
Na, Gott sei Dank, ick hew't nich dahn!
Dat Best is woll, hier swiggt 'n still,
Man kann nich weiten, wat he will,
Dit kümmt mitünner ganz verdreiht,
Un seggt nu nix un kickt un steiht.

»Nun?« ward de Schaulrat wieder fragen,
»Wer von Euch Andern kann es sagen?
Ist es denn keinem von Euch allen
Beim Unterricht mal aufgefallen,
wenn Ihr die Kugel habt gedreht,
Daß sie ganz schief und schräge steht?«

Doch keiner wüßt, un jedermann
Keek schulsch den ollen Globus an,
Se würden nu ierst ahnig ward'n,
Dat se 'nen schewen Globus harrn.

»Herr Schulrat«, seggt nu Klickermann,
»Wenn ich mal unterbrechen kann,
Die Schiefigkeit ist ihr nicht klar;
Ich hab ihn schon so viele Jahr,
Doch kam er nicht bei mir zunichte,
Er war schon schief, als ich ihn kriegte.«

Rudolf Tarnow

6 Bedeutende Persönlichkeiten in Mecklenburg-Vorpommern

Es sind fast 1000 Jahre vergangen, seit die Begriffe Mecklenburg und Pommern in der Geschichte auftauchen. Viele Generationen haben die Länder seitdem gestaltet. Unter ihnen hat es in jeder Zeit einige Persönlichkeiten gegeben, deren Leistungen und Taten im Gedächtnis geblieben sind.

6.1 Bedeutende Vertreter der Fürstenhäuser und des Adels

Niklot, ein Fürst der Obodriten, lebte im 12. Jh. Sein Sohn Pribislaw (†1178) wird nach seinem Übertritt zum Christentum als Ahnherr des mecklenburgischen Fürsten-, Herzogs- und Großherzogshauses angesehen. Das Fürstenhaus nimmt bald soweit deutsche Lebensgewohnheiten an, daß es seit Anfang des 13. Jh. nur noch deutsche Namen führt wie Heinrich, Albrecht und Friedrich Franz. Die rügischen Fürsten führen slawische Namen, wobei Wartislav III., der letzte Fürst, als Minnesänger be-

kannt geblieben ist. In der Geschichte lebendig geblieben ist der pommersche Fürst Bogislav X. (1454-1523), der die Anfänge des Beamtenstaates in Pommern begründete.

Partner und Widersacher der Fürsten ist der Adel, der für das Land eine beherrschende Stellung errungt. Zu den bekanntesten gehört Gebhardt Leberecht von Blücher, der von 1742–1819 gelebt hat und in Rostock geboren wurde. Er nimmt an den Schlachten von Jena und Auerstedt teil, wird 1813 Befehlshaber der Schlesischen Armee und ist an der Völkerschlacht bei Leipzig beteiligt. Nach der Rückkehr Napoleons wird er Oberbefehlshaber der Preußischen Truppen und schlägt die französische Armee bei Waterloo.

Ein Jahrhundert später lebt der in Parchim geborene Graf von Moltke (1800–1891). Er ist verantwortlich für die militärische Vorbereitung und zum Teil Leitung der Kriege 1864, 1866, 1870–71. Er war einer der bedeutendsten Militärs im 19. Jh.

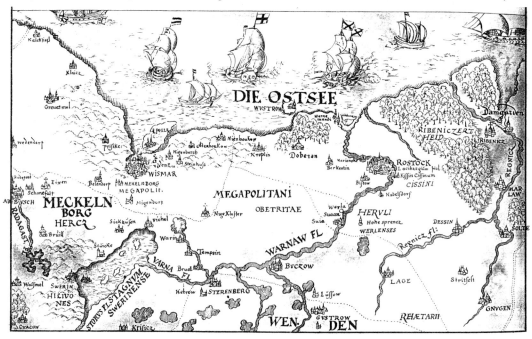

34.1 Karte von Tileman Stella (1552) – Auschnitt

6.2 Bedeutende Bürger

Zeichner der ersten Karte Mecklenburgs ist Tileman Stella. Er ist zwar kein gebürtiger Mecklenburger, hat aber eine Reihe von Jahren in Schwerin als Bibliothekar, Kartograph und Vermesser gearbeitet. 1552 läßt er eine erste Karte des Landes in Rostock drucken. Diese Karte von Mecklenburg ist für seine Zeit eine sehr bedeutende Darstellung. Die erste gute Karte von Pommern erscheint 1618 und ist von Eilhard Lubinus, Professor der Mathematik in Rostock. Diese ist für über 150 Jahre die Grundlage für Pommern-Karten geblieben. Aus dem 16. Jh. stammt eine aufschlußreiche Chronik von Pommern von dem aus Stralsund stammenden Thomas Kantzow (Anfang 16. Jh.–1542), der seit 1528 Sekretär bei den pommerschen Herzögen war. Der Chemiker Carl Wilhelm Scheele (1742–1786) ist in Stralsund geboren. Er wird bis heute als Entdecker des Sauerstoffs geehrt.

Ernst Moritz Arndt (1769–1860) ist eine weitere Persönlichkeit aus dem vorpommerschen Raum. Er wurde als Sohn eines ehemals leibeigenen Pächters in Gr. Schoritz auf Rügen geboren und setzte sich mit Erfolg für die Bauernbefreiung in Vorpommern ein. Sein Werk „Versuch einer Geschichte der Leibeigenschaft in Pommern und Rügen" war dafür ein Anlaß. Die Greifwalder Universität, an der er zeitweilig Professor war, trägt heute seinen Namen.

Aus dieser nicht nur politisch, sondern auch kulturgeschichtlich bedeutsamen Zeit ragt als Maler der Romantik Caspar David Friedrich (1774–1840) hervor, der in Greifswald geboren wurde. Seine pommersche Heimat taucht in seinen Bildern immer wieder mit Motiven auf, wie z.B. die Klosterruine von Greifswald-Eldena oder die Kreideküste Rügens. Ebenfalls aus Pommern stammt der Maler Philipp Otto Runge (1777–1810) aus Wolgast.

35.1 Caspar-David Friedrich

35.2 Caspar-David Friedrich Kreidefelsen auf Rügen

36.1 *Ernst Barlach*   36.2 *Ernst-Moritz Arndt*   36.3 *Ernst Reuter*

Mit neuen Vorstellungen von der landwirtschaftlichen Betriebslehre tritt Johann Heinrich von Thünen (1783–1850) hervor. Sein Hauptwerk ist „Der isolierte Staat in Beziehung auf Landwirtschhaft und Nationalökonomie."

Mit dem Kaufmann und späteren Archäologen Heinrich Schliemann (1822 bis 1890) erhielt die Altertumsforschung erhebliche Anregungen. Er ist in Neubukow geboren. Schliemann folgt den Spuren Homers und gräbt 1870–1887 Ilion (Troja) aus.

Otto Lilienthal, ein reicher Maschinenbauer, befaßt sich mit den Möglichkeiten des Fliegens. Er betreibt Forschungen über den Luftwiderstand, und ist einer der bedeutenden Flugpioniere.

Auch das Kulturleben Mecklenburg und Vorpommerns wird von vielen Persönlichkeiten geprägt. Der Opernkomponist Friedrich von Flotow (1812–1883) war viele Jahre Kapellmeister in Schwerin. Sein bedeutendstes Werk ist die Oper „Martha".

Ein bedeutender ständiger Besucher und Gast unseren Landes war Gerhart Hauptmann (1862–1946), der aus Schlesien stammt und dort in Agnetendorf einen seiner Wohnsitze hatte. Er war einer der bedeutenden deutschen Dramatiker der Jahrhundertwende. Seine Dramen wie „Vor Sonnenaufgang", „Die Weber", „Der Biberpelz", und andere, ebenso seine Erzählungen wie „Bahnwärter Thiele" sind im Sinne eines kritischen Naturalismus und tiefen Humanismus geschrieben. Er er-

hielt 1912 den Nobelpreis. In jungen Jahren erwarb er ein Haus in Kloster auf Hiddensee, das er häufig während der Sommerzeit aufsuchte. Dort auf dem Friedhof befindet sich auch seine letzte Ruhestätte.

Durch seinen Roman „Die Heiden von Kummarow" ist Ehm Welk (1884–1966) bekannt geworden. Nach dem Ende des Zweiten Weltkrieges gründet er Volkshochschulen in Mecklenburg und wohnt bis zu seinem Tode in Bad Doberan.

Ein weiterer bedeutender Vertreter unseres Landes ist Hans Fallada (eigentlich Rudolf Ditzen, 1893–1947), der als kritischer Realist die Zeiten der 20er Jahre in seinem Roman „Kleiner Mann – was nun?" beschreibt. Er stammt aus Greifswald, und beginnt nach dem Ersten Weltkrieg zu schreiben. Neben den großen Romanen hat er zahlreiche Kinderbücher (Geschichten aus der Murkelei) geschrieben.

Als bekannte Persönlichkeit der bildenden Kunst ist der Bildhauer, Graphiker und Schriftsteller Ernst Barlach (1870–1938) zu nennen. Von 1910 an wohnt er in Güstrow. Für seine Arbeiten werden ihm zahlreiche Preise und Auszeichnungen verliehen. Von den Nationalsozialisten wird er verfemt und stirbt 1938 in Rostock. Sein bildhauerisches Werk, das einfache, schlichte Formen bevorzugt, ist zu einem großen Teil in Güstrow gesammelt. Das wohl bekannteste Werk ist der „Schwebende Engel".

7 Die Wirtschaft des Landes

Wie schon beschrieben, ist in Mecklenburg und in Vorpommern das wirtschaftliche Leben durch die Landwirtschaft geprägt worden. Diese Grundlage der wirtschaftlichen Tätigkeit ist bis in die Gegenwart bestehen geblieben. Das Handwerk, Gewerbe und die im 19. Jh. aufkommende Industrie waren im wesentlichen mit der Verarbeitung landwirtschaftlicher Produkte beschäftigt, nur in den Küstenstädten konnte sich darüber hinaus durch den Anschluß an den internationalen Handel sowohl der Schiffbau, als auch anderes Gewerbe und Industrie entwickeln.

7.1 Vom Großgrundbesitz zur neuen Bauernwirtschaft

Die natürlichen Voraussetzungen für Ackerbau und Viehwirtschaft sind gunstig. Das gemäßigte Übergangsklima mit seinen nicht zu großen Temperaturdifferenzen zwischen Sommer und Winter, einem nicht zu langen und harten Winter, ausreichenden Sommerniederschlägen sowie langen Vegetationszeiten ist der eine Faktor. Das meist flache oder auch wellige bis hügelige Relief schließt den Ackerbau nur an wenigen Stellen aus. Der Boden ist aus glaziären Ablagerungen entstanden. Die hydrographischen Verhältnisse sind unterschiedlich. Während sie im Küstenraum meist die Entwicklung grundwassernaher Böden ermöglichen, sind sie im Inneren des Landes vor allem südlich der Hauptmoränen des Pommernschen Stadiums meist grundwasserfern ausgebildet, ohne jedoch an Nutzbarkeit zu verlieren.

Die glaziale Herkunft der Böden ergibt ein wechselndes Mosaik und damit unterschiedliche Möglichkeiten für die land- und forstwirtschaftliche Nutzung. Einen Hinweis darauf geben die Ackerzahlen, die eine an den guten Böden der Magdeburger Börde orientierten Einschätzung ermöglichen. Während die besten Böden bis 100 Punkte erhalten können, sind die schlechten bei 10 zu suchen. In Mecklenburg-Vorpommern liegen sie im mittleren Bereich um 40 mit Abweichungen nach oben, wie z. B. im Klützer Winkel, wo sie auf lehmigen Böden auf über 50 gehen, oder nach unten, wie z. B. in der griesen Gegend Südwestmecklenburgs oder in der Ueckermünder Heide in Vorpommern, wo sie auf sandigen Flächen auf unter 30 kommen.

Mit diesen natürlichen Voraussetzungen hat die Landwirtschaft in den einzelnen Gebieten des Landes ein unterschiedliches Leistungsvermögen. Die moderne Kulturtechnik vermag aber vieles auszugleichen. Da das Land relativ dünn besiedelt ist, erbringt die Produktion einen Überschuß, der außerhalb des Landes verkauft werden kann und so eine Basis für die Wirtschaft darstellt. Dieses ist in den Jahrhunderten immer schon mehr oder weniger möglich gewesen. Wir können annehmen, daß das Land seine Bewohner schon in slawischer Zeit ernährt und die Ausweitung der landwirtschaftlichen Nutzfläche im 13. Jh. mit der Besiedlung durch deutsche Bauern bald zu einer Mehrproduktion geführt hat, die den Kaufleuten in den Städten zum Kauf angeboten werden konnte.

Die bäuerliche Struktur des Mittelalters mit Langstreifenfluren in den Gemarkungen und einer dreijährigen Fruchtfolge Winterung, Sommersaat und Brache begann sich seit dem 16. Jh. zu verändern. Die adligen Grundherren, die bis dahin im Rahmen der Lehnsverfassung vorwiegend im militärischen Bereich tätig waren, konnten sich bei der Einführung neuer militärischer Formen stärker ihrem Besitz und seiner Verwaltung zuwenden. Sie begannen anstelle von bäuerlichen Abgaben eine Eigenwirtschaft, anfangs mit bäuerlichen Dienstleistungen, später mit eigenem Gesinde, aufzubauen. Die Einführung des römischen Rechts brachte andere Auffassungen über Besitzrechte, die zu Ungunsten der Bauern ausgelegt wurden, indem sie nicht mehr als Besitzer, sondern nur noch als Pächter des Bodens angesehen wurden. Das führte zur Einziehung von Bauernhöfen, dem Bauernlegen. Die Bauern galten im 17. Jh. auch nicht mehr als frei, sondern nur abhängig (leibeigen), und konnten nicht nur ihren Wohnsitz nicht frei wählen,

37

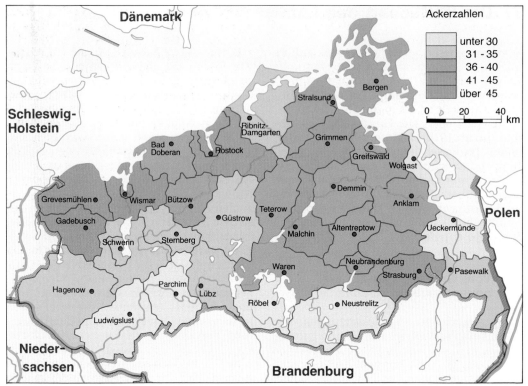

38.1 Ackerzahlen nach Kreisen

sondern bedurften auch für die Heirat der Zustimmung des Grundherren, des Gutsbesitzers.

Diese Entwicklung wurde im 17. und 18. Jh. durch die Auswirkungen der vielen Kriege (Dreißigjähriger Krieg, Schwedisch-polnisch-brandenburger Krieg, Nordischer Krieg, Preußische Kriege) noch unterstützt, weil die wirtschaftliche Schwäche der Bauern ohne äußere Hilfe meist nicht zu überwinden war. Es fehlte an Vieh, Saatgut und Menschen. Zählte man um 1600 etwa 300 000 Menschen in Mecklenburg, so waren es nach dem dreißigjährigen Krieg nur um 50 000. Diese Veränderungen waren auf den Besitzungen der Herzöge, dem Domanium, weniger umfangreich, d. h. hier blieben die Bauerndörfer, wenn auch mit vielen Diensten, erhalten, während im Bereich der Ritterschaft die Umwandlung in Gutshöfe mit Tagelöhnerwohnungen, also Gutsbetriebe, das Bauerntum weitgehend vernichtet. Genaue Angaben über die Legung der Bauern gibt es nicht, nach verschiedenen Quellen

kann man annehmen, daß Mecklenburg-Schwerin ohne die Fürstentümer Ratzeburg und Schwerin 1628 etwa 14 300 ritterschaftliche Bauern hatte. Nach den Bevölkerungslisten sollen 1794 in diesem Gebiet nur noch 1953 Bauernstellen vorhanden gewesen sein.

Im 18. Jh. werden Neuerungen in der Landwirtschaft eingeführt. Es ist vor allem die aus Schleswig-Holstein kommende Koppelwirtschaft, die die alte Drei- und Mehrfelderwirtschaft ablöst. Jetzt wird die gesamte nutzbare Fläche in 9 bis 11 Teile, Koppeln, eingeteilt, die im Wechsel bestellt oder als Weide genutzt werden. Als Beispiel genannt sei die Folge: 1. gedüngte Brache, 2. Winterkorn, 3. Sommerkorn, gedüngt, 5. und 6. Sommerkorn, 7. bis 11. Weide. In Anpassung an die mecklenburgischen Klima- und Bodenverhältnisse entsteht daraus die mecklenburgische Schlagwirtschaft die das Land meist in 7 Schläge teilt, davon 1 Brachschlag und je 3 Getreide- und Weideschläge, wobei letztere zunehmend mit Klee besät werden, wie auch der Weizen vielfach den Roggen ablöst. Auch für Vorpommern gilt mit einer gewissen Verzögerung diese Entwicklung.

Das 19. Jh. bringt mit der Aufhebung der Leibeigenschaft und der Erbuntertänigkeit neues Leben ins Land. In Schwedisch-Vorpommern erfolgt sie bereits 1806, in Preußen 1810 und in Mecklenburg 1820. Die schon früher begonnene Trennung (Separation) von Guts- und Bauernland wird fortgesetzt und abgeschlosssen. Anfangs geht die Zahl der bäuerlichen Betriebe noch weiter zurück. Der Aufbau von Büdnereien (Kleinbauernstellen) und Häuslereien (Haus und Garten) bringt aber neue Möglichkeiten für die ländliche Bevölkerung. Der wirtschaftliche Aufschwung in der zweiten Hälfte des 19. Jh. bringt auch auf dem Lande neue Bewegung. Neue Getreidearten, die Einführung der Zuckerrübe, die Verbesserung der Tierhaltung und die Einführung von Technik in den Betrieb lassen die Erträge wachsen und sichern den Lebensunterhalt.

Um 1900 beginnen Bestrebungen der inneren Kolonisation durch die Aufteilung unrentabler Güter und Meliorationen von Mooren und Niederungen, Vorhaben, die bereits auch früher schon begonnen worden waren. Diese allgemeine Entwicklung wird durch den I. Weltkrieg gehemmt und von der Politik der Nationalsozialisten mit Erbhofbauern in eine autark ausgerichtete Kriegswirtschaft geleitet.

Der Zusammenbruch 1945 schafft in Mecklenburg-Vorpommern völlig neue Verhältnisse. Mit Unterstützung der sowjetischen Beatzungsmacht wird im Herbst 1945 (Verordnung vom 5. 9. 1945) eine Bodenreform durchgeführt. Alle Betriebe über 100 ha LN und die von Kriegsverbrechern und aktiven Nazis werden entschädigungslos enteignet. Ihre Flächen werden zusammen mit landeseigenen in einen Bodenfonds überführt, der an die siedlungswillige bäuerliche Bevölkerung ausgegeben wird. Durch den Zustrom von Flüchtlingen und Umsiedlern verdoppelte sich die Einwohnerzahl, und man versuchte auf diesem Weg, einen Teil der Menschen zu binden (Einwohnerzahl Mecklenburg 1939: 1,163 Mill., 1946: 2,139 Mill.).

Der Bodenfonds hatte am 1. 8. 1948 einen Umfang von 1,050 Mill. ha, davon

Zahl der landwirtschaftlichen Betriebe

	bis 5 ha	5 bis 20 ha	20 bis 50 ha	50 bis 100 ha	über 100 ha
1939	31 009	25 680	13 733		2 502
1946	127 496	94 694	10 682	1 894	333

Anteil der Betriebe an der landw. Gesamtfläche %

	bis 5 ha	5 bis 20 ha	20 bis 50 ha	50 bis 100 ha	über 100 ha
1939	3,7	18,2	29,1		49
1946	5,5	57,3	21,8	7,9	7,5

(Mager 1955, S. 536–537)

39.1 Wartung und Reparatur von Mähdreschern in einem „Kreisbetrieb für Landtechnik"

waren 818 000 ha verteilt. Es sind rund 78 000 Neubauernwirtschaften mit 738 500 ha geschaffen worden.

Es entsteht eine bäuerliche Struktur, bei der die kleinen Betriebe bis 20 ha LN mit fast 2/3 der Gesamtfläche das Schwergewicht bilden. Mit Unterstützung der Besatzungsmacht und der deutschen Verwaltung werden die Neubauern mit Bauten, Wirtschaftsgeräten und Vieh vorrangig unterstützt. Es werden Maschinenausleihstationen geschaffen, aus denen die Maschinentraktorenstationen (MTS) hervorgehen. Diese Anfänge werden 1952 mit dem Beschluß der SED und der Regierung, die Bauern in Genossenschaften zu bringen, abgebrochen.

Zwischen 1952 und 1960 werden die Bauern mit Vergünstigungen und zunehmendem Druck zur Genossenschaftsbildung veranlaßt. Es werden drei Typen von landwirtschaftlichen Produktionsgenossenschaften vorgegeben; Typ I, in dem nur das Ackerland gemeinsam bewirtschaftet wird, während Maschinen und Vieh privatwirtschaftlich bleiben; Typ II, in dem auch die Maschinen eingebracht werden (kaum genutzt); Typ III, in dem bis auf Haus, Garten und 1/2 ha Land alles genossenschaftlich wird. Die Bezahlung der Mitglieder erfolgt nach entsprechend aufgeschlüsselten Arbeitseinheiten, für die eingebrachten Werte werden Abschläge gezahlt. Nachdem diese Entwicklung 1960 abgeschlossen ist, wobei die Mehrzahl der Bauern den Typ I gewählt hatte, wird in den 60er Jahren durch den Zusammenschluß der kleinen Genossenschaften und ihre Umbildung zum Typ III, die am Sowjetbeispiel ausgerichtete Landwirtschaftspolitik fortgesetzt. Die MTS werden durch den Verkauf der Maschinen an die Genossenschaften verändert. Sie spezialisieren sich zu Industriebetrieben. Neben den Genossenschaften wächst die Zahl der volkseigenen Güter (VEG).

In den 70er Jahren gehen die Veränderungen weiter, wobei die Trennung des Ackerbaus von der Viehwirtschaft beginnt. Es entstehen Kooperationen der Pflanzenproduktion, die dann um 1980 in Landwirtschaftliche Produktionsgenossenschaften (LPG [P]) überführt werden. Die Genossenschaften der Tierproduktion (LPG [T])

werden die andere Richtung neben den VEG. Bei dieser Neugliederung verschwimmen die Besitzrechte der alten Genossenschaftsbauern, was heute Probleme schafft. Diese organisierten Änderungen wirken auch im wirtschaftlichen Bereich. Aus den kleinen Feldern der Bauern werden große Schläge, die bis zu 100 ha erreichen können, im Durchschnitt aber bei 20 bis 30 ha liegen. Die Fruchtfolge folgt modernen Vorstellungen, wobei durch die Erweiterung des Ölfrucht- und Maisanbaus gewisse Verschiebungen im Anbauverhältnis eingetreten sind. Die Autarkievorstellungen der staatlichen Führung führen dazu, daß die einzelnen Kreise eine gewisse Selbstversorgung zu sichern haben und die darüber hinausgehenden Erträge abgegeben werden. Mit der besseren Düngemittelversorgung, besseren Sorten und guter Bodenbearbeitung steigen in den letzten Jahrzehnten die Erträge und verdoppeln sich gegenüber der Vorkriegszeit. Auch die Viehbestände wachsen an. Den Stand der Entwicklung kann man mit den Zahlen von 1989 beweisen. Die Zahlen umfassen als Mecklenburg-Vorpommern die drei Bezirke, Rostock, Schwerin und Neubrandenburg.

Im Einigungsvertrag wurde die Umstrukturierung der Landwirtschaft und ein Termin, bis zu dem diese begonnen sein sollte, festgelegt. Dieser Termin war der 31. 12. 1991. Bis zu diesem Zeitpunkt sind alle LPG und VEG in andere Formen überführt oder aufgelöst worden. Etwa 1200 Bauern haben sich selbständig gemacht, dabei sind ihre Betriebe bei meist kleiner eigener Fläche durch Zupacht zu mittelgroßen Betrieben geworden. So gibt es in der Gemeinde Glewitz, Kr. Grimmen, und in den dazugehörigen Ortsteilen heute 6 Pächter und drei Bauern sowie den Pfarrhof in Glewitz. Ein Teil der Gemeindefläche wird von der Landgut GmbH und Co KG in Bretwisch bewirtschaftet. Die Größe einiger Pachtungen:
in Zarnekow 1013 ha, davon 690 ha Ackerland, 323 ha Grünland
in Voigtsdorf 470 ha, davon 382 ha Ackerland, 88 ha Grünland
in Langenfelde 307 ha, davon 153 ha Ackerland, 154 ha Grünland
in Glewitz das Kirchengut 135 ha, davon 73 ha Ackerland, 62 ha Grünland

Landwirtschaft in Zahlen

Zahl der LPG (P) und VEG (P): 232

davon   8 Betriebe bis 2000 ha
       107 Betriebe 2001 bis 4000 ha
       128 Betriebe 4001 bis 6000 ha
        80 Betriebe über   6000 ha

Zahl der LPG (T) und BEG (T): 803
Landwirtschaft (3 Nordbezirke)

	1955	1989	Land M.-V. 1989
Berufstätige, gesamt in 1000	862,1	1068,8	992,4
davon Land- und Forstwirtschaft in %	44,8	21,2	19,6

Standig Berufstätige in der Landwirtschaft

	1989
Gesamt	196 351
davon in der Produktion	153 422
Pflanzenschutz, ...	88 933
Forstwirtschaft	10 728
Anteil der Frauen	37 %
Mitglieder der LPG	209 157

Wirtschaftsfläche (km²)

1955	1989
26 465	26 694

Landwirtschaftliche Nutzfläche in 1000 ha

	1955	1989
Gesamt	1734	1676
davon Acker	1301	1261
Grünland	392	376

Hektarerträge (in t)

	1955	1989
Getreide	23,8	45,9
Kartoffeln	131,5	233,1
Zuckerrüben	252,8	304,7

Viehbestand

	1955	1989
Rinder	856	1401
davon Kühe	485	494
Schweine	2094	3168
Schafe	416	428
Legehennen	4184	4661

Milchleistung je Kuh in kg (4 % F.)
3 Nordbezirke

1955	1989
2394	4150

Viehbesatz auf 100 ha/LN
3 Nordbezirke

	1955	1989
Rinder	50,2	84,7
davon Kühe	28,3	29,5
Schweine	118,9	182,2
Schafe	24,3	25,4

(Stat. Jb. Bez. Rostock 1990)

Wirtschaftsfläche nach Nutzungsarten (ha)

	1990
Gesamt	2 383 404 = 100 %
davon	
Landwirtsch.-Nutzfläche	1 508 326 = 63,3 %
Korbweiden	231 = 0,009 %
Forsten/Holzungen	504 940 = 21,2 %
Ödland	42 696 = 1,8 %
Unland	19 087 = 0,8 %
Abbauland	4 386 = 0,2 %
Wasserfläche	128 959 = 5,4 %

Pflanzenproduktion – Ertrag dz/ha

	1985–1990	1990	1991
Weizen	50,8	57,5	64,9
Roggen	35,9	34,7	43,5
Gerste	47,1	49,7	55,3
Hafer	40,0	42,8	50,1
Raps, Rüben	29,6	27,1	28,8
Kartoffeln	247,8	216,1	245,7

Viehbestände

	1990	Mai 1991
Rinder	1 105 472	844 522
davon Kühe	345 426	280 979
Schweine	1 970 469	1 253 553
Schafe	195 364	125 439
Pferde	18 095	125 439

(Stat. Ber. Okt. 1991, CIII 1–V 90/91)

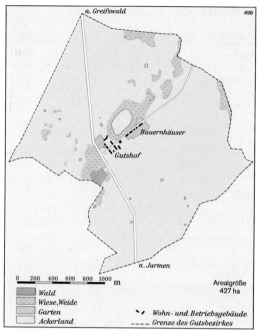

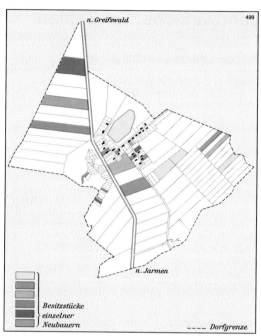

42.1 Gutssiedlung Stresow um 1900

42.2 Neubauernsiedlung Stresow nach 1945

Diese Zahlen entsprechen den bundesdeutschen Vorstellungen einer bäuerlichen Landwirtschaft. Da die Landwirtschaft aber weitgehend EG-Vorschriften erfüllen muß, ist der Neuanfang für alle Betriebe nicht einfach. Deshalb sind die meisten Bauern in ihren Betrieben geblieben und haben sie in marktgerechte Rechtsformen wie GmbH, AG oder Genossenschaft bürgerlichen Rechts umgewandelt. Dabei sind Tier- und Pflanzenproduktion häufig wieder zusammengelegt und die Betriebsgrößen verringert worden. Die großen Mastbetriebe sind wie die Rindermastanlage Ferdinandshof oder die Anlage in Hohen Wangelin in GmbH's umgewandelt worden. Die Zahl der in der Landwirtschaft Tätigen, die am 30.11.1990 noch ca. 128 000 Personen betrug, ist auf fast ein Viertel gesunken und geht noch weiter zurück. Auch die landwirtschaftliche Nutzfläche ist durch Stillegung um 15 % kleiner geworden.

Der Anbau der Feldfrüchte hat sich verändert. Bei einem allgemeinen Rückgang der Getreidefläche hat die Anbaufläche des Weizens zugenommen (1991: 37 %, 1990: 26 %), während die des Roggens als die zweite Brotfrucht zurückgegangen ist

(1991: 16 %, 1990: 29 %). Bei den Futtergetreiden hat die Gerste (1991: 41 %, 1990: 34 %) ihre Fläche zu Lasten des Hafers erweitert (1991: 4 %, 1990: 10 %). Der Anbau des Maises hat sich wenig verändert. Reduziert hat sich auch der Hackfruchtanbau sowohl der der Zuckerrübe als vor allem der der Kartoffel. Die Kartoffelanbaufläche ist von 72 791 ha (1990) auf 27 225 ha (1991), also um 63,9 % zurückgegangen. Der Ölfruchtanbau hat dagegen überall zugenommen. Die Hektarerträge lassen sich, wie die Tabelle zeigt, mit anderen Ländern vergleichen. Den veränderten Verhältnissen entsprechen auch die Erntemengen. Bei einer Getreideanbaufläche von 502 101 ha sind ungefähr 2,8 Mill. t Getreide geerntet worden. Die Kartoffelernte betrug 1991 668 861 t gegenüber 1,6 Mill. t 1990.

Die weitere Entwicklung wird durch die EG-Normen gesteuert werden. Gleiches gilt auch für die Viehhaltung. Hier ist überall von 1990 auf 1991 eine Abnahme zu verzeichnen. Die Höhe ist in den Kreisen sehr verschieden. Bei den Rindern insgesamt ist der Rückgang im Kreis Parchim mit 8 % am geringsten, am höchsten im Kreis Wismar mit 46 %. Bei den Kühen hat Lübz nur um

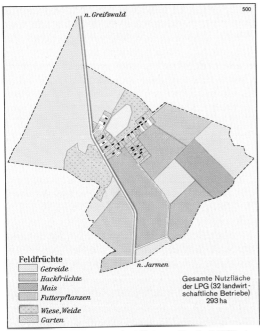

Feldfrüchte
- Getreide
- Hackfrüchte
- Mais
- Futterpflanzen
- Wiese, Weide
- Garten

Gesamte Nutzfläche
der LPG (32 landwirt-
schaftliche Betriebe)
293 ha

43.1 Volksgenossenschaftliches Dorf (LPG) im Jahr 1970

4 % gekürzt, während Röbel um 39 % weniger hält. Bei den Schweinen schwankt die Abnahme zwischen 11 % im Kreis Parchim und 62 % im Kreis Waren. Die Schafhaltung zeigt ein weniger deutliches Bild, weil hier Abnahmen und Zugänge zwischen den Kreisen wechseln; so hat der Kreis Bad Doberan 74 % mehr Tiere, der Kreis Röbel 78 % weniger (2 191–479). Der Bestand der Pferde ist wegen unvollständiger Erfassung z. Zt. nicht ganz zu übersehen und hat sich wahrscheinlich nicht viel verändert.

Überblickt man die gesamte landwirtschaftliche Erzeugung, so bieten die Zahlen nur einen Anhalt für den Wandel, der durch den Beitritt der DDR zur Bundesrepublik in Gang gekommen ist. Erst in einigen Jahren wird man die Ergebnisse beurteilen können.

43.2 Rapsfeld in der Grundmoränenlandschaft

7.2 Handwerk, Gewerbe, Industrie

Wie aus dem vorigen Abschnitt hervorgeht, spielt die Landwirtschaft im Wirtschaftsleben Mecklenburg-Vorpommerns eine bedeutende Rolle. Sie war vor dem Zweiten Weltkrieg nach der Zahl der Beschäftigten führend, wie die Statiskik von 1933 zeigt. Damals waren in der Land- und Forstwirtschaft 48,3 von 100 Berufstätigen beschäftigt, während die Industrie mit 22,3 % folgte. Die Werte für das damalige Deutschland lauteten 28,9 % für Land- und Forstwirtschaft und 40,4 % für Industrie und Handwerk. Die Zahlen für die Industrie gewinnen noch an Bedeutung, wenn man feststellt, daß auf die Betriebe mit 1–5 Beschäftigten bereits 53,5 % und auf die Betriebe mit über 200 Beschäftigten nur 8,9 % entfielen (Deutsches Reich 33,9 % bzw. 28,7 %). Damit wird deutlich, daß damals das Handwerk und Gewerbe in dem dünnbesiedelten Land vorherrschten und die eigentliche Industrie schwach entwickelt war. Heute hat sich das Bild gewandelt. Die Industrie erfaßte 1989 28 % der Beschäftigten, die Landwirtschaft 21,2 %. Dieser Wechsel ist auf die Entwicklung in den dazwischen liegenden Jahrzehnten zurückzuführen. Trotzdem bleibt das Land damit schwach industrialisiert (Bundesrepublik 1985: Industrie, Handwerk, Bau 42 %, Land- und Forstwirtschaft 4,8 %). Die Industriezweige sind 1989 in den drei Nordbezirken (= M.-V.) nach der Zahl der Beschäftigten wie folgt beteiligt:

Maschinen- und Fahrzeugbau	40,2 %
Lebensmittelindustrie	22,9 %
Leichtindustrie	15,9 %
Elektrotechnik, Elektronik	6 %

Alle übrigen Bereiche haben 5 % und weniger. Zieht man noch den Anteil an der industriellen Warenproduktion heran, so steht die Lebensmittelindustrie mit 41,6 % an erster Stelle, gefolgt vom Maschinen- und Fahrzeugbau mit 24,7 % und der Leichtindustrie mit 10,9 %. Aus dem Vergleich Beschäftigte und Warenproduktion kann man Schlüsse auf die Produktivität der Industrie ziehen.

Fragt man nach der Verteilung der Industrie im Land, so zeigt sich eine Konzentration der Maschinen- und Fahrzeugindustrie, insbesondere durch die Werften, an der Küste mit Rostock, Wismar, Stralsund und den Flußstandorten Wolgast an der Peene und Boizenburg an der Elbe. Zu diesem Komplex gehören auch zahlreiche Zuliefererbetriebe, die an verschiedenen Orten des Landes, wie Schwerin, Waren, Torgelow, Ueckermünde u. a. arbeiten. Entstanden ist die Werftindustrie in dieser' Größenordnung erst nach dem Zweiten Weltkrieg. Im alten Mecklenburg gab es nur die Neptunwerft in Rostock und kleine Schiffbaubetriebe wie in Boizenburg. Die Forderungen der sowjetischen Besatzungsmacht nach 1945 ließen dann die Werften in Wismar, Stralsund, Wolgast und Boizenburg entstehen.

Mit ihrem Aufbau wird die Änderung der politischen und wirschaftlichen Verhältnisse nach 1945 deutlich. Früher lagen Mecklenburg und Vorpommern wirtschafts- und verkehrspolitisch in einem stillen Winkel, weil der Wirtschaftsverkehr aus dem Süden und der Mitte Deutschlands entweder an die Nordsee oder an die Odermündung nach Stettin strebte. Die schwache wirtschafliche Stellung des dazwischen liegenden Raumes war weitgehend historisch bedingt. Zwar waren die Unterschiede im Mittelalter nicht so groß, denn die kleinen Städte in ganz Deutschland waren vielfach nur Zentren für eine relativ kleine Umgebung, aber während westlich der Elbe die wirschaftlichen und politischen Verhältnisse zu größeren persönlichen Freiheiten führten, versteinerten diese in Mecklenburg durch die Einführung der Gutswirtschaft mit der Leibeigenschaft der bäuerlichen Bevölkerung. Die Menschen blieben finanziell schwach und ohne Ansprüche, so daß die Städte keinerlei Entwicklungstendenzen hatten.

Eine Ausnahme bildeten im Mittelalter die Küstenstädte, die als Handelsorte der Hanse in den nationalen und übernationalen Handel und Verkehr eingeschlossen waren und deren Handwerk und Gewerbe sich gut entwickeln konnte. Erst als Handel und Verkehr sich auf die Welt auszurichten begannen, stagnierte die Wirtschaft in den Hansestädten. Das 19. Jh. brachte einen neuen Aufschwung mit der letzten Blüte der Segelschiffahrt. Sie war aber nicht mit einer größeren Kapitalbildung verbunden, so daß sich danach die schon

45.1 Die Warnow-Werft in Rostock

genannten Lagebeziehungen wieder durchsetzten, und Handel und Verkehr der Hafenstädte über eine Bedeutung für die Ostsee nicht hinaus gelangten. Die Binnenstädte haben von diesem Aufschwung kaum etwas abbekommen.

Den besseren Lebenserwartungen der Bevölkerung im 19. Jh. standen keine günstigeren Arbeitsmöglichkeiten gegenüber, so daß ein großer Teil der Jugend auswanderte. Mecklenburg verlor dadurch im 19. Jh. fast 100 000 Menschen. Das Land blieb also dünn besiedelt, und eine Erweiterung von Gewerbe und Industrie gab es nur dort, wo mit der Verbesserung der Verkehrsmöglichkeiten auch eine Ausdehnung des Absatzes der Erzeugnisse moglich wurde, oder wo, wie im Südwesten, sich das Holz der großen Wälder als Rohstoff anbot. So entstanden in Güstrow, Schwerin, Neubrandenburg und Waren sowie im Südwesten kleine Industrien. Eine Besonderheit war die Dampfmaschinenfabrik von Alban in Plau. Auf eine längere Tradition geht die Metallindustrie im unteren Ueckertal zu-

rück. Vorpommern bis zur Peene war 1720 preußisch geworden und die Regierung förderte Mitte des 18. Jh. den Abbau der dort vorhandenen Raseneisenerze. Ihre Verhüttung dauerte nur wenige Jahre. Doch die vorhandenen Qualifikationen der Arbeiter haben bis heute in Torgelow und Ueckermünde Standorte dieser Industrie erhalten, die in den letzten Jahren für den Schiffbau arbeiteten. Die gegenwärtigen Verhältnisse haben zur Schließung der Betriebe geführt. Welche Möglichkeiten sich für eine neue Produktion bieten werden, ist noch unbekannt.

Die geschilderte Entwicklung des 19. Jh. in Mecklenburg wird erst in den dreißiger Jahren des 20. Jh. durch neue Züge belebt. Die Aufrüstung läßt an der Küste einige Flugzeugwerke entstehen wie Heinkel, Arado, Bachmann und Dornier. Sie verschwinden nach dem Ende des Krieges. Auch die chemischen und Munitionsfabriken in Südwestmecklenburg und bei Torgelow, Ueckermünde und Jatznick werden aufgelöst. Der Zustrom der Menschen aus den verlorengegangenen Gebieten zwingt die neue Verwaltung zum Aufbau von Arbeitsmöglichkeiten nicht nur in der Landwirtschaft, sondern vor allem in der Industrie. Auf die Werftindustrie ist schon verwiesen worden. Die Planwirtschaft der ehemaligen DDR läßt nach und nach in zahlreichen Städten des Binnenlandes Fabriken entstehen. Neben neuen Anlagen der Lebensmittel- und Futtermittelindustrie sind es solche für Nahrungsgütermaschinen, für Hydraulik und Plastmaschinen. Ausgebaut wird die Lederwarenerzeugung und die Möbelindustrie vor allem durch ein Faserplattenwerk in Ribnitz-Damgarten. Auch die Chemische Industrie mit Düngemittel- und Reifenherstellung erhält Standorte. Zur Beschäfti-

gung meist weiblicher Arbeitskräfte entstehen zusätzlich zu den genannten Werken Textilbetriebe in zahlreichen Orten.

Diese Entwicklung ist durch die Einführung der Marktwirtschaft in Frage gestellt. Eine ganze Anzahl der Betriebe hat sich verkleinern müssen oder hat völlig aufgehört. Welche Chancen Umbau oder eine neue Produktion haben werden, ist noch nicht zu erkennen. Industrien können nur auf wenige einheimische Rohstoffe wie Holz zurückgreifen. In der Regel stehen nur Fachkräfte der alten Werke zur Verfügung. Ihre Zahl ist begrenzt. Zukunftsträchtige Gewerbe benötigen meist andere Ausbildungen als vorhanden sind. So steht die Industrie des Landes vor einem großen Strukturwandel.

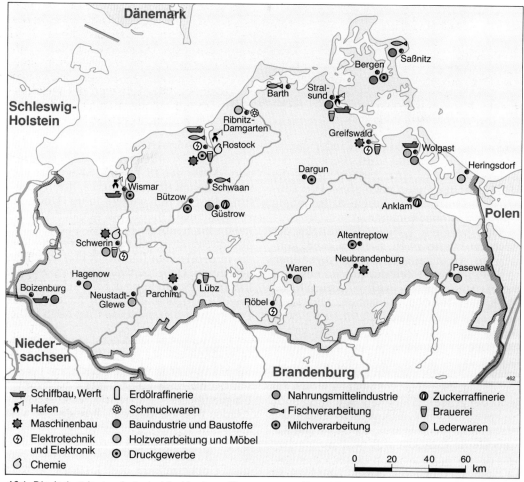

46.1 *Die Industriestandorte in Mecklenburg-Vorpommern (Stand Mai 1992)*

8 Land am Meer

Das mecklenburg-vorpommersche Küstenland bietet ein landschaftlich sehr reizvolles Bild. Es reicht von den mit Buchenwald gekrönten Kreidefelsen auf Rügen über die sandigen Kliffküsten auf Usedom zu den Dünen auf dem Darß-Zingst. Die Küste beginnt im Westen mit der Wismarbucht und dem Salzhaff, verläuft dann als geschlossener Streifen nach Nordosten, nur vom Ausfluß der Warnow mit dem Breitling unterbrochen, um mit den vorspringenden Halbinseln Fischland-Darß-Zingst in die Bodden- und Haffküste um Hiddensee, Rügen und Usedom überzugehen.

8.1 Hansestädte in Vergangenheit und Gegenwart

Die mecklenburgisch-vorpommersche Küste, die besonders wegen ihrer Küstenformen und ihrer schönen Strände zum Badeurlaub und wegen des abwechslungsreichen Rücklandes zum Wandern einlädt und viele Touristen anlockt, ist aber auch ein Gebiet, das von alters her der einheimischen Bevölkerung Schutz und Hinterland für ihre Fahrten auf See bietet. Der wirtschaftliche Aufschwung des 12. Jh. rückt die Küste in das Blickfeld der Geschichte. Mitte des 12. Jh. war Lübeck als Handelsvorposten gegründet worden, und von dort aus bot sich die südliche Ostseeküste zu neuen Stadtgründungen an. So erhalten Rostock 1218, Wismar 1229, Stralsund 1234, Demmin 1249, Greifswald 1250 und Anklam 1264 Stadtrecht. Sie schließen im Laufe des Jahrhunderts untereinander Verträge und bilden das Wendische Viertel der Hanse. Sie beherrschen bald den Handel in der Ostsee und bringen die Güter Nordwesteuropas, die sie von den Hanseniederlassungen in London, Brügge, den rheinischen Städten und anderen erhalten, mit ihren Schiffen in die Handelsplätze der Ostsee wie Danzig, Riga, Reval, Visby auf Gotland und bis nach Nowgorod in Rußland. Von dort kehren sie mit Pelzen und Holzprodukten zurück, kaufen in Preußen und im eigenen Hinterland Getreide und andere Produkte auf, die sie veredelt als Mehl und Bier nach Norden und Westen verfrachten. Von den Fischfangplätzen Falsterbo und Skanör im heutigen Südschweden, aber auch aus Norwegen kommt der Hering, der, als Fastenspeise gefragt, weit nach Süden ins Land verkauft wird. Später kommen noch Metalle aus Schweden wie Kupfer und Eisen hinzu. Im 16. Jh. wird die Konkurrenz der Holländer und Engländer spürbar. Die große Zeit der Hanse geht in den unruhigen Jahren des 17. Jh. zu Ende.

Der moderne Verkehr nutzt die gleichen Handelswege. Während der Zeit der DDR hatten besonders Rostock, Wismar und Stralsund als „Tore zur Welt" große Bedeutung und übernahmen einen wesentlichen Teil des Außenhandels. Vorzüge ihrer Lage sind die kurze Anfahrt von See, Nachteile sind die durch die Wassertiefe begrenzte Größe der Schiffe. Die jetzige verkehrspolitische Lage hat diese Rolle verändert. Der Fernverkehr über die Ozeane wird von den Nordseehäfen abgewickelt, weil die Ostsee nur schwer zu erreichen ist. Die Aufgaben der mecklenburgisch-vorpommerschen Häfen müssen daher neu bestimmt werden.

47.1 Kogge auf dem Wismarer Siegel von 1242. Erste Darstellung einer Kogge mit Heckruder

48/49.1 Rostock. Kupferstich von M. Merian – der Plan ist gesüdet

Swanche Dohr

Tommer hoff

S. Gertruden Kerck hoff

N O W F L U V I U S

er leuen Frawen	7. Hilge geist.	13. Pædagogium.	19. Hopmarckt.	25. Thule dohr	31. Blage thorh.
Jacob.	8. Hilgen geistes hoff.	14. Vicus versus dotem.	20. Mohlen dohr.	26. Kofeld dohr	32. Busebaer.
n Hülligen creuts.	9. Kornhuys.	15. Communitet.	21. Mohlen Dam.	27. Birchwal dohr	33. Geethuß.
nnen Hoff.	10. Collegium Aquilæ.	16. Schole.	22. Am Amberge.	28. Wokrend dohr	34. Bramowsche dohr.
Catharina.	11. Collegium Vnicorni.	17. Waterkunst.	23. Heringsdohr.	29. Keyser	35. Kroplinsche dohr.
derhuß.	12. Collegium rubri Leonis	18. Kaeck.	24. Lazarus Pockenhauß.	30. Vischer dohr	36. D. koeranshe hoff.

49

Rostock – die größte Stadt des Bundeslandes

Im Einverständnis mit dem slawischen Fürsten der Kessiner, der am Übergang der Warnow zur Unterwarnow seinen Wohnsitz hat, bauen um 1200 deutsche Siedler am linken Ufer der Unterwarnow ihre Stadt, die 1218 das lübische Stadtrecht erhält. Eine Mauer umschließt um 1300 mit 22 Toren und zahlreichen Verteidigungswerken die gesamte Stadt. Vier Tore und Teile der Befestigung sind erhalten geblieben, ebenso Reste der im 16. und 17. Jh. angelegten Bastionen an der Südseite. Geblieben sind nach Bränden und Zerstörungen, insbesondere auch nach denen des letzten Krieges, noch die Kirchen St. Marien, St. Petri und Nikolai. An älteren Profanbauten sind noch das Rathaus mit seinem gotischen Kern und der barocken Überbauung und eine Reihe gotischer bis barocker Bürgerhäuser erhalten. Die mittelalterliche Größe wird erst zu Anfang des 19. Jh. überschritten, als sich die Industrie zu entwickeln beginnt. Einen weiteren Ausbau, der durch die Bildung von Satellitenstadtteilen zwischen Rostock und Warnemünde charakterisiert ist, hat die Stadt nach 1945 erlebt.

Der Handel, durch den sich die Stadt im Mittelalter entwickelt, reicht von Nowgorod im Osten bis zur Biscaya im Westen und bis Bergen im Norden. Die Gründung der Universität 1419 verstärkt die Bedeutung der Stadt im gesamten Ostseeraum. Ist sie doch die älteste Hochschule im Ostseeraum und wird zum Anziehungspunkt für viele Nordeuropäer. Diese Stellung der Stadt mit ihren gut 11 000 Einwohnern beginnt nach der Entdeckung der neuen Welt und der damit beginnenden Verlagerung des Seeverkehrs nach Westen zu verblassen. Der Dreißigjährige Krieg und seine Folgen sowie ein großer Stadtbrand 1677, der ein Drittel der Stadt vernichtet, läßt die

50.1 Rostock – Entwicklung einer Hafenstadt

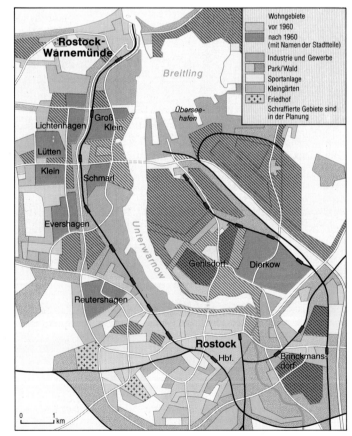

Tab. 1: Bevölkerungsentwicklung von Rostock

1939	121 200
1950	133 100
1971	198 600
1981	236 000
1990	251 300

51.1 Im Überseehafen Rostock

Tab. 2: Güterumschlag in Rostock (in Mill. t)	
1936	0,3
1955	0,7
1960	1,4
1970	10,1
1980	15,3
1985	19,7
1989	21,0
1990	13,4
danach ca.	7–8

Tab. 3: Umschlag nach Güterarten in Rostock (in %)	1938	1989
Erze und Metalle	29,8	29,1
Düngemittel	15,3	9,7
Mineralöl	14,7	17,0
Getreide	12,5	14,3
Kohle, Koks	5,1	–
Sonstiges	22,6	29,9

Tab. 4: Daten des Überseehafens Rostock	
Fläche	7 km²
Hafenbecken	5
Kailänge	9 000 m
maximale Tiefe	11,3 m
Gleislänge	220 km
Beschäftigte	6 000
abgefertigte Schiffe 1985	2 849

wirtschaftliche Kraft erlahmen. Erst im 19. Jh. setzt eine neue Entwicklung ein. Eine steigende Ausfuhr von Getreide fördert zeitweilig Handel und Schiffahrt. Die Segelschiffahrt erlebt dabei ihre letzte Blüte. Der Schiffbau entwickelt sich, auf der späteren Neptunwerft baut man 1851 den ersten eisernen Schraubendampfer Deutschlands.

Die Werft hat sich über alle Krisen und Kriege bis heute gehalten. Einen Aufschwung nimmt sie während der DDR-Zeit. Zu ihr kommt 1945 in Warnemünde für Reparaturarbeiten an sowjetischen Schiffen und für Reparationsaufträge die Warnowwerft. Im Gegensatz zu den alten Anlagen der Neptunwerft kann hier ein modern augestatteter Betrieb aufgebaut werden, der größere Schiffe montieren kann. Die ehemalige Sowjetunion ist der Hauptauftraggeber für Massengutfrachter und später Containerschiffe, während auf der Neptunwerft kleinere Stückgut- und Spezialschiffe gebaut werden.

Nach der Vereinigung und dem Zusammenbruch des osteuropäischen Marktes ist die Zukunft unsicher geworden. Die Warnowwerft wird unter einem neuen Eigentümer, vermutlich dem norwegischen Kvaerner Konzern, weiterhin Schiffe bauen, wenn auch die Zahl der Beschäftigten zurückgehen wird. Die Neptunwerft hat wenig Aussicht, als Werft bestehen zu bleiben. Ihre Anlagen sind zu veraltet. Vielleicht hat sie als Stahlbaubetrieb eine Existenzmöglichkeit. Die Zahl der Arbeiter wird auch hier abnehmen müssen. Damit wiederholt sich in gewisser Weise die Entwicklung aus der zweiten Hälfte des 19. Jh., als Rostock bei dem Übergang vom Segel- zum

Dampfschiff und der Verlagerung des wachsenden Weltverkehrs auf die Ozeane zu wenig Kapital für Investitionen aufbringen konnte und nur noch eine regionale Bedeutung für Mecklenburg behielt.

Förderlich für die Entwicklung der Stadt war der Anschluß an das Eisenbahnnetz 1850 über Bützow – Bad Kleinen nach Schwerin, 1883 nach Wismar, 1886 nach Berlin, sowie 1889 nach Stralsund. Auch der Ausbau der Straßen läßt die Einwohnerzahl wachsen. Rostock ist zur Zeit des Ersten Weltkrieges eine Mittelstadt. Der Zweite Weltkrieg hinterläßt eine stark zerstörte Stadt. Sie wird in der Folgezeit wieder aufgebaut. Im Zusamenhang mit den neuen Aufgaben, die sie nach der Gründung der DDR 1952 als Bezirkshauptstadt erhält, erfolgt ein rascher Zustrom von Menschen, und die Stadt verdoppelt in 30 Jahren ihre Einwohnerzahl. Neben der sich ausbreitenden zentralen Verwaltung wird die Hafenwirtschaft durch den Neubau des Überseehafens (1957–1960) mit einer Tiefe der Zufahrt von 13 m und einer Anfahrt von der See mit 4,5 sm günstig beeinflußt. Für den Außenhandel wird eine eigene Flotte aufgebaut, die 1988 164 Schiffe mit 1,7 Mill. Tonne Tragfähigkeit (tdw) umfaßte, aber gegenwärtig stark zurückgeht und 1990 in der Handelsflotte noch 139 Schiffe mit etwa 1,5 Mill. tdw zählte. Im Mai 1992 waren es noch 92 Schiffe. Auch die nach 1945 aufgebaute Fernfischerei, die 1988 noch 218 400 t Fisch fing, wird wahrscheinlich keine Zukunft haben.

Die deutsche Vereinigung und die Bildung des Landes Mecklenburg-Vorpommern mit der Hauptstadt Schwerin läßt die Wirtschaftskraft und die Verwaltungsauf-

52/53.1 Wismar. Kupferstich von M. Merian

gaben Rostocks stark schrumpfen. Außerdem geht der Handel zurück und damit auch der Umschlag im Hafen, zumal die Verschiffung über die Nordseehäfen vielfach günstiger ist. Der Umschlag, der 1989 bei 21 Mill. t gelegen hat, ging 1990 auf 13,4 Mill t zurück. Für die nächsten Jahre rechnet man mit 7–8 Mill. t jährlich. Entsprechend seiner veränderten verkehrsgeographischen Lage im vereinigten Deutschland und im Wettbewerb aller deutschen Seehäfen liegt die Zukunft des Rostocker Hafens vor allem im Ausbau der Beziehungen nach Skandinavien und in die östliche Ostsee. Die Umschlagsanlagen werden sich den veränderten Gütern anpassen müssen (Frucht- und Kühlgutumschlag, Holz- und Papiergut, Ausbau der Fährverbindungen).

Wismar – Hansestadt zwischen Lübeck und Rostock

Fast 60 km westlich von Rostock und etwa 50 km östlich von Lübeck liegt der zweite Hafen des Landes in der Wismarer Bucht. Gegen das Meer wird die Stadt durch die Insel Poel geschützt. Die Stadt mit ihren 58 000 Einwohnern hat sich während der Zeit der DDR zum zweitwichtigsten Hafen entwickelt. Die Hafenanlagen sind vergrößert und modernisiert worden. Die Wassertiefe wurde auf über 10 m gebracht. Der Export von Kali (jährlich über 2 Mill. t) war und ist eine wesentliche Aufgabe. Importiert wurden hauptsächlich Metalle, Holz, Ölprodukte und Getreide. Die Stadt ist Standort der 1946 gegründeten Mathias-Thesen-Werft, heute Meeres-Technik-Werft, die seinerzeit mit 7000 Beschäftig-

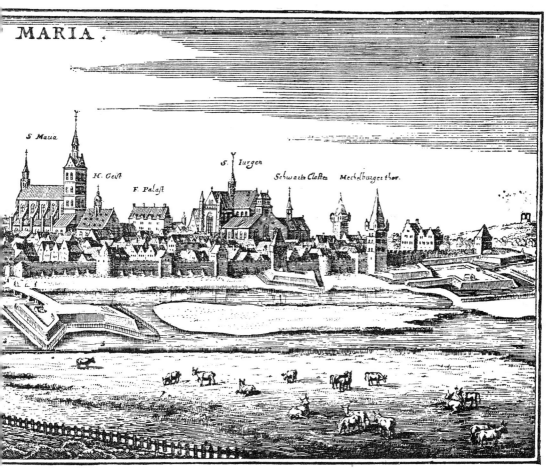

MARIA.

S. Maua   H. Geist   F. Palast   S. Iurgen   Schwarz Closter   Mechelburger thor.

54.1 *Marktplatz von Wismar*

ten Schiffe bis 25 000 tdw baute. Die Werft ist inzwischen aus den Händen der verwaltenden Treuhandgesellschaft in den Besitz der Bremer Vulkanwerft übergegangen. Sie soll mit weniger Arbeitern (z. Zt. 3 000) weiterhin Schiffe bauen. Für die nächste Zeit liegen noch Aufträge vor.

Durch ihre Lage hat die Stadt auch in der Geschichte eine wichtige Rolle gespielt. Die weit ins Land eingreifende Bucht ließ schon früh einen Handelsplatz entstehen. Der älteste Teil der Stadt um die Nikolaikirche stammt aus dem Anfang des 13. Jh. Außerdem entwickelte sich das Viertel um die Marienkirche. Am Ende des 13. Jh. beginnt die Ummauerung, die erst im 15. Jh. abgeschlossen wird. Fünf Tore, von denen heute noch das Wassertor steht, und 30 Wiekhäuser, das sind Verteidigungsplätze an der Mauer, die als Häuser ausgebaut sind, werden errichtet. Eine Besonderheit Wismars ist der 1 ha große Marktplatz mit der „Wasserkunst", einem Stadtbrunnen, an dem das klassizistische Rathaus steht. Etwa 5000 Einwohner zählt Wismar im späten Mittelalter.

Der Dreißigjährige Krieg bringt einen tiefen Einschnitt. Nicht nur, daß die Hanse aufhört zu bestehen, auch die Kriegsereignisse zerstören vieles. 1648 kommt Wismar mit Poel zu Schweden, das die Stadt zu einer starken Festung ausbaut. Die Trennung Wismars von Mecklenburg läßt die Wirtschaft der Stadt stagnieren. 1803 verpfändet Schweden Wismar an Mecklenburg und verzichtet 100 Jahre später auf die Rückgabe. Der Handel blüht durch den Ausbau der Segelschiffahrt auf. Die Stadt zählt 1830 10 000 Einwohner.

Die gegen Ende des Jahrhunderts einsetzende Industrialisierung mit dem Aufbau einer Eisengießerei, einer Zuckerfabrik und einer Waggonfabrik bringen der Stadt trotz des Abklingens von Handel und Schiffahrt einen wirtschaftlichen Aufschwung, der mit der Zerstörung der Stadt im Zweiten Weltkrieg wieder erlischt. Nach dem Kriege setzt ein Aufschwung ein. Die Beschäftigtenstruktur der Stadt verdeutlicht die Stellung im Wirtschaftsgefüge des Bundeslandes mit 47,4 % im produzierenden und 52,4 % im Dienstleistungssektor. Hier deutet sich aber eine Änderung an, denn man muß mit einer Verstärkung der Dienstleistungen und einer Verringerung des Industrieanteiles rechnen. Auch der Hafen wird wegen der Nähe von Lübeck und Rostock einen geringeren Umschlag erreichen, wobei vorerst wohl der Kaliexport noch bestehen bleiben wird.

Stralsund – der größte Hafen Vorpommerns

Der dritte Hafen des Landes und der größte Vorpommerns ist Stralsund. Im Mittelalter war diese Stadt eine bedeutende Hansestadt. Sie liegt auf der Festlandseite des Strelasundes an einer alten Übergangsstelle zur Insel Rügen mit seinerzeit günstigen Ein-und Ausfahrten nach Westen, Norden und Osten zur Ostsee. Heute muß das Westfahrwasser zwischen Bock und Hiddensee durch laufende Baggerung auf einer Tiefe von etwa 5 m gehalten werden, das Nordfahrwasser zwischen Hiddensee und Rügen läßt nur noch kleine Fahrzeuge passieren, während die östliche Fahrt durch Strelasund und Greifswalder Bodden über 6 m Tiefe aufweist und über den Peenestrom Anschluß an das Binnenwasserstraßennetz bietet. Diese Verbindung zur Oder zeichnet Stralsund vor den übrigen Seehäfen aus.

Die schwierigen Zufahrten beeinflussen die Ein- und Ausfuhr des Hafens, der meist nur von Küstenmotorschiffen oder anderen kleineren bis mittelgroßen Fahrzeugen angesteuert wird. Sie transportieren Waren, die überwiegend von den Ländern des Ostseeraumes kommen oder von ihnen benötigt werden wie Salz, Briketts, Maschinen und Geräte. In den letzten Jahren lag der Umschlag jährlich etwas unter 1 Mill. t. Die günstige Lage macht die Stadt auch zum Ausgangspunkt von Ausflugsfahrten, besonders zur Insel Hiddensee.

55.1 In der Frankenstraße

Eine gigantische Aufgabe: Ganze Straßenzüge der unter Denkmalschutz stehenden Altstadt von Stralsund müssen rekonstruiert werden. (Aufnahmen Mai 1991)

55.2 In der Mühlenstraße

Die Wirtschaft Stralsunds war vor dem Zweiten Weltkrieg geprägt von den Bedürfnissen des regionalen Zentrums eines landwirtschaftlich orientierten Gebietes und der Ein- und Ausfuhr entsprechender Produkte über den Hafen. In Stralsund bündelt sich auch der Straßen- und Berufsverkehr aus anderen Teilen Deutschlands zum Übergang nach Rügen, der seit 1936 über den Rügendamm führt, aber dem gegenwärtigen Verkehr kaum noch gewachsen ist.

Die heutige Bedeutung Stralsunds ist ein Ergebnis der Geschichte. Nach 1200 entwickelte sich eine Kaufmanns- und Handwerkersiedlung, die um diese Zeit den Raum um den alten Markt mit der Nikolaikirche umfaßte und sich bald mit St. Jacobi und St. Marien sowie dem Viertel der Langen- und Frankenstraße erweiterte. Im Grundriß fallen die großen west-östlich, zum Hafen gerichteten, Straßen auf. Ende des 13. Jh. ist der gesamte Raum zwischen dem Sund und den die Siedlung umgebenden Teichen mit Mauer, Wall und Graben eingehegt. In diesen Jahrzehnten werden auch schon einige der gotischen Bauten begonnen, die noch heute die Stadt zieren. Dazu gehören die beiden Häuser des Rathauses, dessen schöne Schauwand nach 1370 mit dem Querbau gewachsenem Ansehen entsprach. Ähnliches kann man von den Kirchen sagen. Neben diesen großen Bauten treten die Klöster der Dominikaner und Franziskaner, von deren Bauten das Katharinenkloster heute die Museen und das Johanniskloster die Außenstelle des Stadtarchivs enthält. Von dem mittelalterlichen Reichtum zeugen auch eine Reihe von gotischen Giebelhäusern in den verschiedenen Straßen der Stadt; auch aus den späteren Perioden der Renaissance und des Barock sind Bürgerhäuser erhalten.

Der Umfang der mittelalterlichen Stadt wird erst im 19. Jh. überschritten, und heute wohnen in den Wohnvierteln, die in den letzten 40 Jahren gebaut worden sind, die meisten Stralsunder. Die Entwicklung der Stadt wird jedoch von vielen Ereignissen

56.1 Altstadt von Stralsund (Luftaufnahme 1925). Im Hintergrund Rügen

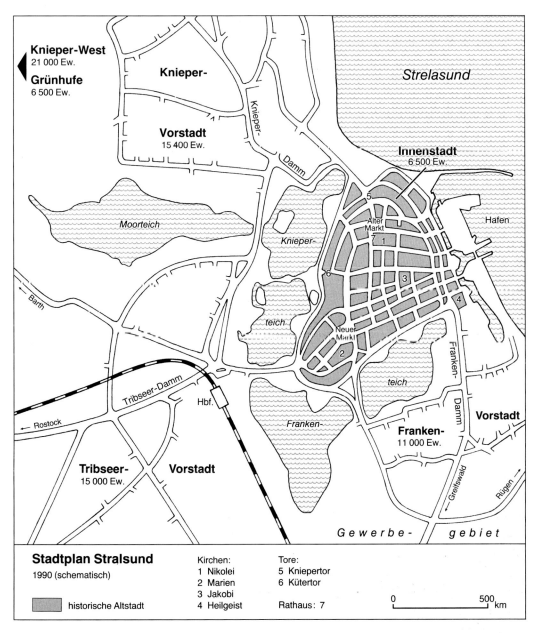

Knieper-West
21 000 Ew.

Grünhufe
6 500 Ew.

Knieper-

Vorstadt
15 400 Ew.

Strelasund

Innenstadt
6 500 Ew.

Moorteich

Knieper-

Alter
Markt

Hafen

1

5

6

3

teich

4

*Neuer
Markt*

2

teich

← *Barth*

Tribseer-Damm

Hbf.

← Rostock

Franken-

Franken-
Franken-
11 000 Ew.

Franken-Damm

Vorstadt

Greifswald →

Rügen →

Tribseer-
15 000 Ew.

Vorstadt

G e w e r b e -   *g e b i e t*

Stadtplan Stralsund

1990 (schematisch)

historische Altstadt

Kirchen:
1 Nikolei
2 Marien
3 Jakobi
4 Heilgeist

Tore:
5 Kniepertor
6 Kütertor

Rathaus: 7

0   500
|————————| km

überschattet. Das Wallensteinsche Heer belagert 1627 vergeblich die Stadt, die Hilfe von Dänemark und Schweden erhält. Von 1630 an besetzt Schweden das Gebiet, und Stralsund bleibt bis 1815 unter schwedischer Herrschaft. Als Stralsund nach 1720 Sitz der schwedischen Verwaltung für Schwedisch-Vorpommern wird, überwindet es trotz einiger kriegerischer Zeiten die Stagnation. Vor dem Zweiten Weltkrieg wohnen 34 000 Menschen in der Stadt. Sie ist ein regionales Zentrum geworden. Nach dem Zweiten Weltkrieg, während dessen die Innenstadt starke Bombenschäden erleidet, entwickelte sich die neu gegründete Volkswerft zum größten Betrieb Stralsunds; sie war auf die Fertigung von Hochseefischereifahrzeugen in großen Serien spezialisiert. Die Werft hat bis 1989 einen Anteil von rd. 60 % an der industriellen

57

Warenproduktion der Stadt, die außerdem in Erzeugnissen der Nahrungsgüter-, Verpackungs- Holz- und Bauindustrie bestand. Die Wirtschaftsstruktur wird sich nun verändern, wobei die Werft ihren Schiffbau auf andere Schifftypen erweitern kann. Aber auch sie wird gegenwärtig von einer schweren Krise erschüttert.

Universitätsstadt Greifswald
Die vierte der großen Städte an der Küste ist Greifswald. Sie liegt am hier schiffbaren Ryck etwa 5 km von der Dänischen Wiek, einer Bucht des Greifswalder Boddens, entfernt. Während sich die älteren Stadtviertel am Ryck befinden, sind die in den letzten 40 Jahren errichteten Neubauten auf der Grundmoräne im Südosten entstanden. Der Grundriß aus der Zeit der Gründung hat sich in seiner Ausdehnung von etwa 1 000 X 500 m erhalten und ist durch eine baumbestandene Wallanlage sichtbar abgegrenzt. Die Stadt lebt heute von der 1456 gegründeten Universität, einem Werk der Elektrotechnik (Siemens), einigen Baubetrieben und kleineren Fabriken für Lebensmittel. Das Ende der 60er Jahre erbaute Kernkraftwerk von zuletzt 1750 MW in Lubmin ist Ende 1990 aus sicherheitstechnischen Gründen stillgelegt worden. Während der Stadthafen eingegangen ist, findet der Umschlag von Baumaterialien und anderen Erzeugnissen in dem neuen Hafen am Bodden statt.

Die Geschichte der Stadt Greifswald weicht von der der anderen Küstenstädte ab. Sie entwickelt sich um 1200 als Salzmarkt für das Zisterzienser Kloster in Eldena (seit 1199). 1248 bestätigt der Pommernherzog den Klosterbesitz mit „Gripheswald". 1250 verleiht der Herzog von Pommern dem Ort das lübische Stadtrecht. Zu dieser Zeit besteht die Stadt aus dem Viertel um die Marien- und die Nikolaikirche mit dem dazugehörigen Markt. Ergänzt wird sie in den folgenden Jahren durch das Viertel um die Jakobikirche, die Neustadt. Im letzten Viertel des 13. Jh. beginnt man die Gesamtstadt mit Mauer, Wall und Graben zu schützen. Die Stadt hat in wenigen Jahrzehnten eine Größe erreicht, die sie erst im 19. Jh. überschreitet. Aus der Frühzeit ihrer Entwicklung sind nur die Kirchen erhalten geblieben, die im 14. Jh. fertig werden. Während Marien- und Jakobikirche Hallenkirchen sind, hat man St. Nikolai nach dem Vorbild der Lübecker Marienkirche zur Basilika umgebaut. Nur wenige ältere Profanbauten aus der gotischen und den nachfolgenden Stilepochen

58.1 Ruine des Zisterzienserklosters Eldena

sind wegen der zahlreichen Brände und Zerstörungen erhalten geblieben.

Die anfänglich rasche Entwicklung der Stadt hält nicht an. Sie bleibt mit etwa 5 000 Einwohnern gegenüber Stralsund klein. Dabei ist sie in den Handel der Ostseestädte integriert. Aber das eigene Hinterland ist gering und der Hafen mit seinem Zugang schlechter erreichbar als Stralsund. So ist es ein Glück für die Stadt, daß während innerer Auseinandersetzungen in Rostock ein Teil der dortigen Universitätsangehörigen nach Greifswald kommt. Der Greifswalder Bürgermeister Rubenow erreicht gemeinsam mit dem Herzog und dem zuständigen Bischof beim Papst in Rom die Gründung einer Universität im Jahre 1456.

Mit der abnehmenden Bedeutung der Hanse wird auch der Handelsumfang der Stadt geringer. Die Kriege des 17. Jh. tragen weiter zum Niedergang bei. Einzig die Universität gewinnt an Gewicht. Mit dem Frieden von Münster und Osnabrück wird die seit 1630 in schwedischer Hand befindliche Stadt bis 1815 schwedisch.

Erst das 19. Jh. mit dem Anschluß an Preußen läßt Greifswald langsam wachsen. In der Stadt entstehen Maschinenfabriken, die auch kleine Schiffe bauen; der Auf-

schwung der Segelschiffahrt um die Mitte des Jahrhunderts macht sich auch hier bemerkbar. Werften, eine Eisenbahnwerkstatt und Lebensmittelbetriebe kommen hinzu. Die Universität erweitert sich, die Studentenzahl übersteigt 1880 die Tausendergrenze. Der Ausbau des Verkehrswesens mit Straßenbau (1833) und Eisenbahn (1863) schließt die Stadt an die allgemeine Wirtschaftsentwicklung Preußens an. Die Einwohnerzahl, die 1767 nur 4 611 betragen hatte, übersteigt 1840 die 10 000er Grenze und erreicht 1900 22 950. Auch zwischen den beiden Weltkriegen wächst sie langsam weiter, wobei allerdings die Aufrüstung der Anlaß ist. Die Stadt wird gegen Kriegsende kampflos übergeben und bleibt dadurch unversehrt. In den anschließenden Jahrzehnten entwickelt sich die Universität weiter, neue Industrie, wie die Nachrichtenelektronik, entsteht. Der entscheidende Ausbau erfolgt aber mit dem Aufbau eines Kernkraftwerkes ab 1968. Die Einwohnerzahl steigt dadurch von 41 094 (1950) auf 68 597 (1988).

Die Umstrukturierung des neuen Landes Mecklenburg-Vorpommern bringt gegenwärtig für die Stadt eine Neubestimmung, wobei die Tradition als Hansestadt weniger bedeutsam sein wird als die Universität.

59.1 Markt in Greifswald. Im Hintergrund der Turm der Marienkirche

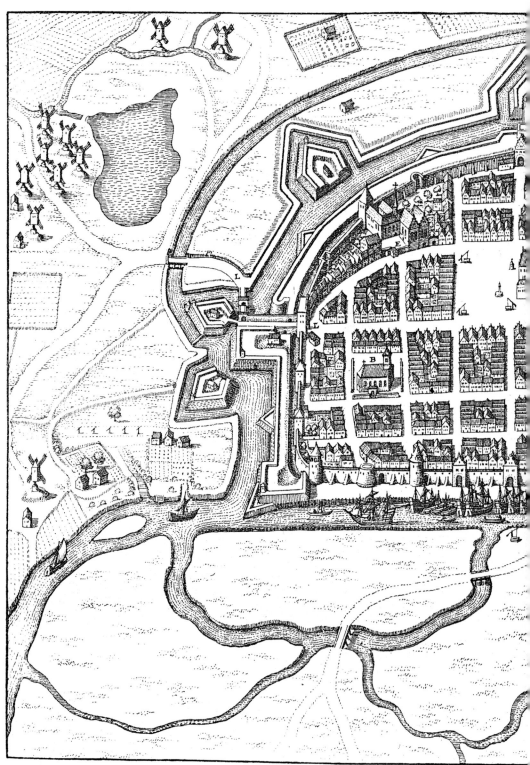

60/61.1 Greifswald. (Stich von M. Merian). Der Plan ist gesüdet.

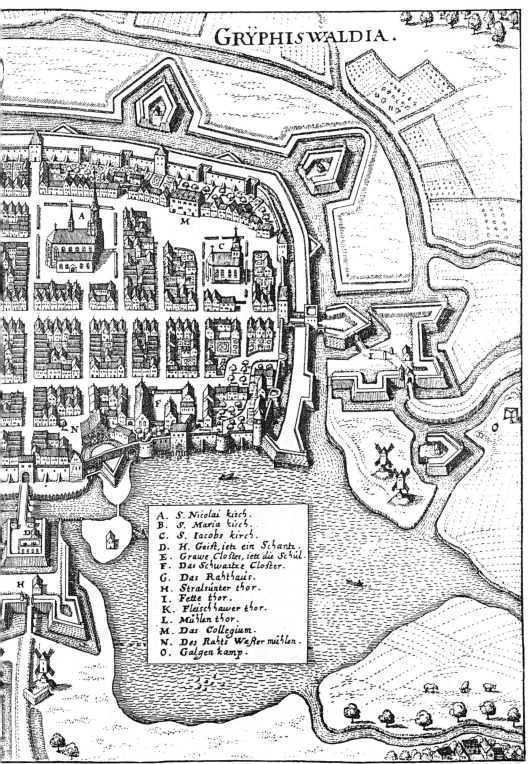

GRŸPHISWALDIA.

A. S. Nicolai kirch.
B. S. Maria kirch.
C. S. Iacobs kirch.
D. H. Geist, ietz ein Schantz.
E. Grawe Closter, ietz die Schul.
F. Das Schwartze Closter.
G. Das Rahthaus.
H. Stralsünter thor.
I. Fette thor.
K. Fleischhawer thor.
L. Mühlen thor.
M. Das Collegium.
N. Des Rahts Waßer mühlen.
O. Galgen kamp.

Der Buchstabe M markiert „Das Collegium", die Universität.

61

8.2 Fährschiffahrt und Fischerei

Fähren über die Ostsee

Meere trennen Völker und Staaten, sie verbinden sie aber ebenso. Die Verbindungen Mecklenburg-Vorpommerns sind seit früher Zeit über die Ostsee nach Norden und Osten gerichtet gewesen. Über den allgemeinen Verkehr hinaus haben sich spezielle Formen entwickelt wie der Fährverkehr, der auf festen Routen und zu festen Zeiten das Meer quert.

Wenn man von den Verbindungen zu den nahen Inseln absieht, verlief die älteste Linie über die Grenze von Ystad in Schweden nach Stralsund, die bei schlechtem Wetter bereits auf Wittow/Rügen endete. Seit der zweiten Hälfte des 17. Jh. wird von regelmäßigen Postfahrten mit kleinen Seglern berichtet. Sie dauerten je nach Windverhältnissen zwischen einem und mehreren Tagen. Da Stralsund im 18. Jh. Regierungssitz für die schwedische Verwaltung Vorpommerns war, nahm die Bedeutung dieser Verbindung zu. Auch nachdem Vorpommern preußisch geworden war, blieb diese Linie bestehen. Als im 19. Jh. das Dampfschiff aufkam, wurde die Strecke von 1824 an mit zwei Dampfern befahren. Von 1865 an verlegte Schweden seinen Ausgangsort nach Malmö.

Mit der Entwicklung der Eisenbahn entstanden Wünsche nach einem weiteren Ausbau des Fährverkehrs. Bei der Suche nach einer kürzeren Seestrecke wurden Saßnitz und Trelleborg als Ausgangsorte festgelegt und die Häfen dafür geschaffen. Von 1897 an fuhren die Postdampfer von Saßnitz nach Trelleborg in gut vier Stunden. Um das Umsteigen und den Güterumschlag zu vereinfachen, setzte man von 1909 an Eisenbahnfähren auf der als Königslinie bezeichneten Route ein, zwei Schiffe auf deutscher und zwei Schiffe auf schwedischer Seite. Jedes konnte 16–18 Güterwagen oder 8 D-Zugwagen befördern. 1931 kam noch eine größere eisbrechende schwedische Fähre hinzu.

Nach der kriegsbedingten Unterbrechung von 1944–1948 nahmen zunächst die schwedischen Fähren den Betrieb wieder auf. Die rasche Zunahme des Verkehrs veranlaßte die Reichsbahn und die Schwedische Staatsbahn zum Ausbau der Fährlinie. Es wurden größere Fähren in Auftrag gegeben, die auf 4 Gleisen 36 Güterwagen oder 14 D-Zugwagen, 30–40 Kfz. und 900–1000 Passagiere transportieren konnten. Die ersten Fähren dieser Generation waren die schwedische „Trelleborg" und die deutsche „Saßnitz". Inzwischen sind noch größere Fähren in Betrieb, die 45 Güterwagen aufnehmen können. Täglich gibt es auf jeder Seite 5 Abfahrten. Knapp 4 Stunden werden für eine Reise benötigt. Über 4 Mill. t Güter und mehrere 100 000 Passagiere werden z. Zt. jährlich befördert.

Die zweite alte Fährlinie verbindet Warnemünde mit Gedser und dient der Zugverbindung Berlin–Kopenhagen. Angefangen hat sie mit einem Postdampferverkehr im Jahre 1873 zwischen Warnemünde und Nyköping/Falster. Etwa 10 Jahre später hat sich die Verbindung so gut entwickelt, daß von deutscher Seite die Eisenbahn Neustrelitz–Warnemünde gebaut wird, während die Dänen ihre Bahnlinie bis Gedser verlängern. Im Sommer 1886 wird die neue Linie eröffnet. Sie wird von drei deutschen und einem dänischen Raddampfer befahren. Während anfangs nur mehrmals in der Woche gefahren wird, geht man bald zu täglichen Abfahrten in den Sommermonaten über. Die Zahl der Fahrgäste steigt von 13 000 (1888) auf 44 832 (1902).

Um die Jahrhundertwende wird von beiden Seiten die Umwandlung in eine Eisenbahntrajektverbindung beschlossen. Die dazu nötigen baulichen Maßnahmen bestehen in der Schaffung einer neuen Hafeneinfahrt und der Weiterführung der Bahn zum heutigen Bahnhof. Am 1. Oktober 1903 wird der Verkehr auf der neuen 44 km langen Route von Warnemünde nach Gedser aufgenommen. Die rasche Entwicklung zwingt die Bahnverwaltung sehr bald zu Modernisierungen der Schiffe, die verlängert und auf Schraubenantrieb umgebaut werden. 1938–39 fahren 200 000 Personen über die Ostsee.

Mit dem Ende des Zweiten Weltkrieges endet die Fährfahrt und wird erst im Mai 1947 mit der dänischen „Danmark" wieder aufgenommen. Für den nur langsam steigenden Verkehr wird 1963 die deutsche Fähre „Warnemünde" eingesetzt. Erst nach 1989 steigt die Belegung stark an, so daß

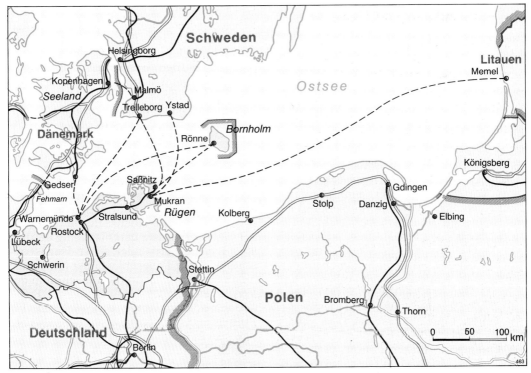

63.1 Bedeutende Fährverbindungen auf der Ostsee

63.2 Fährhafen Mukran

Transit

Durchfuhr von Waren und Personen aus einem Land durch das Territorium eines anderen in ein drittes Land. Der Transitverkehr wird durch Verträge der beteiligten Staaten geregelt.

heute mit einer deutschen und zwei dänischen Fährschiffen täglich 8 Fahrten stattfinden, auf denen Eisenbahnwaggons und Kraftfahrzeuge befördert werden.

Die veränderten politischen Verhältnisse in Deutschland haben die Bedeutung des Fährverkehrs verstärkt. Die Schaffung des EG-Binnenmarktes ab 1993 wird den Verkehr weiter stimulieren, denn die beiden Strecken sind neben der Vogelfluglinie die kürzesten Verbindungen über See nach Skandinavien. Die Fährlinien haben auch durch den Fortfall eines mehrfachen Umladens Vorteile gegenüber dem normalen Schiffsverkehr. Wegen der kurzen und damit schnellen Routen haben sich in Rostock bereits weitere Linien angesiedelt wie die GT-Link, die die Strecke Rostock-Überseehafen–Gedser 5mal täglich für Personen und Kraftfahrzeuge anbietet und z. B. im Oktober 1990 über 50 000 Personen, 5 000 Pkw und 8 500 t Fracht bewegte. Als weitere Linie hat die Saga Link auf der Route Rostock–Trelleborg den Verkehr aufgenommen. Andere Fähren verkehren zum Teil seit 10 Jahren auf der Strecke Saßnitz–Rönne/Bornholm, die heute täglich ein bis zwei Abfahrten bietet.

Eine andere Entwicklung hat die 1986 in Betrieb genommene Route Mukran/Rügen nach Memel (Klaipeda), Litauen, genommen. Geplant war ein jährlicher Güterumschlag von ca. 5 Mill. t, die man mit drei deutschen und drei sowjetischen Schiffen bewältigen wollte. Die Fähren sind mit Breitspur versehen, und in Mukran hat man eine große Umspuranlage gebaut. Die Schiffe können je 103 Breitspurwagen in zwei Decks aufnehmen. (1988: 874 000 t Umschlag). Der Zusammenbruch des Außenhandels mit der ehemaligen Sowjetunion und deren Auflösung führte zu einem Rückgang der Fährleistungen. Gegenwärtig dient diese Verbindung vor allem der Rückführung sowjetischer Truppen. Es gibt aber Überlegungen, die Anlage für eine Verbindung nach Finnland zu nutzen, weil dort auch die Breitspur vorhanden ist. Andererseits gibt es aber auch die Vorstellung, von den beengten Flächen in Saßnitz auf die hier freieren Verhältnisse auszuweichen.

Die Fischerei

Seit alters her gehört die Fischerei zu den Lebensgrundlagen der hier wohnenden Menschen. Der geringe Salzgehalt der Ostsee, der in den Boddengewässern noch abnimmt, bietet auch den weniger empfindlichen Süßwasserfischen Lebensmöglichkeiten. In den Bodden kommen Hecht, Zander, Barsch, Plötze und Aal vor, während Hering, Dorsch, Flunder, aber auch Aal in der offenen See gefangen werden.

Während früher in offenen Booten nur auf den Bodden und an der Außenküste gefischt wurde, entwickelte sich im 19. Jh. mit dem Bau und Kauf gedeckter Boote sowohl die kleine Hochseefischerei, die in der Nähe der Küste den Fischfang betrieb, als auch die Fern- oder große Hochseefischerei, deren Fanggebiete über die Ostsee hinausgingen. Bedeutend war schon in der Vergangenheit der Heringsfang im Frühjahr, bei dem die Fänge eingesalzen und ins Binnenland transportiert wurden. Die übrige Fischerei diente dem örtlichen Verbrauch. Mit der Spezialisierung der Wirtschaft seit dem 18. und 19. Jh. entwickelt sich die Fischerei zu einem selbständigen Berufszweig. Die allgemein geringen Verdienstmöglichkeiten an der Küste verbesserten sich für die Fischer mit der Entwicklung der Verkehrsmittel und dem Ausbau des Verkehrsnetzes. Sie erlaubten es, den leicht verderblichen Fisch – auch durch günstigere Konservierung – weiter in das Land hinein zu verkaufen. Außerdem brachte der sich entwickelnde Fremdenverkehr Nebeneinnahmen durch die Vermietung von Zimmern.

Nach dem Zweiten Weltkrieg unterlag der Fischfang besonderer Aufsicht durch die sowjetische Besatzungsmacht, weil der Fisch einen bedeutenden Anteil an der Lebensmittelversorgung hatte. Der Zentralisierung der gesamten Wirtschaft folgend, entstanden auch hier zentrale Erfassungs- und Verwertungsstellen. So gab es diese in Karlshagen, Saßnitz, Breege, Binz auf Rügen, in Stralsund, Barth, Ribnitz, Warnemünde und Wismar. Dorthin mußten die Fischer aus ihren Orten die Fänge abliefern. In den folgenden Jahren setzte eine Veränderung ein. Durch die Gründung des Fischkombinats Saßnitz (1949) für die Fischerei mit Kuttern in der Ost- und

Nordsee und des Kombinats in Rostock (1950) mit größeren Fahrzeugen wie Loggern, Trawlern und später den Fang- und Verarbeitungsschiffen für den Fang auf den Weltmeeren wurden eine Reihe von Fischern in eine neue Tätigkeit einbezogen. Dadurch und durch sich bietende andere Arbeitsmöglichkeiten ging die Zahl der Fischer an der Ostseeküste unseres Bundeslandes zwischen 1949 und 1955 um 2 000 Personen zurück.

In den 50er Jahren wurden Fischereiproduktionsgenossenschaften gegründet, die sich in den folgenden Jahren zu größeren Einheiten entwickelten. Einen starken Ausbau gab es in dieser Zeit für die Fischkombinate. Saßnitz blieb bei der Kutterfischerei in der Ost- und Nordsee. Die Fänge wurden im Fischwerk Saßnitz zu Konserven verarbeitet. In der Saßnitzer Fischwirtschaft arbeiteten 3 000 Menschen.

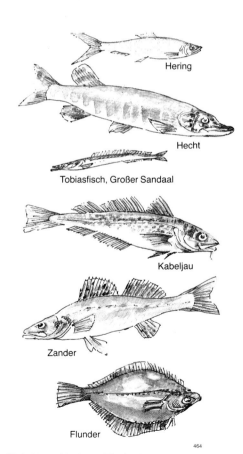

65.1 *Verschiedene Fischarten*

Hering

Hecht

Tobiasfisch, Großer Sandaal

Kabeljau

Zander

Flunder

464

Tab. 1:
Gesamter Fischfang der DDR
(ohne Binnenfischerei)

	in 1000 t
1960	106,8
1970	306,1
1980	229,7
1985	240,4
1988	218,4

Das Kombinat in Rostock-Marienehe hatte in den letzten zehn Jahren große Fisch- und Verarbeitungsschiffe, die ein Vierteljahr vor der Küste Neufundlands und Labradors Rotbarsch und Kabeljau oder vor der südafrikanischen Küste Seehecht und andere Fische fingen. Die Einführung der 200 sm Fischereizonen brachte einen Rückschlag, weil für die küstennahen Fanggebiete Gebühren bezahlt und Quoten eingehalten werden mußten.

Von den Fischfängen vor der Küste entfielen 80 % auf den Hering. Das Übergewicht des Herings ergibt sich daraus, daß dieser in den Boddengewässern einen Laichraum hat, den er in großen Schwärmen jedes Jahr im Frühjahr aufsucht. Das ist für diesen Fisch die Hauptfangzeit, während die anderen Arten fast das ganze Jahr gefangen werden können, soweit nicht zum Erhalt der Bestände Schonzeiten eingerichtet sind. Für die Fischer war der Heringsfang ein wesentlicher Teil ihrer Jahresarbeit. Die Höhe ihres Fanges war geplant, und auch die Bezahlung mit 1 400,– Mark der DDR für 1 t Hering war gut. Da auch die Geräte und der Treibstoff finanziell gestützt wurden, hatten die 27 Fischereiproduktionsgenossenschaften und die Fischkombinate gute Einnahmen.

Die Einführung der Marktwirtschaft hat völlig neue Verhältnisse geschaffen. Die Genossenschaften haben sich nach privatrechtlichen Grundsätzen umgebildet. In einem neuen „Landesverband der Kutter- und Küstenfischer Mecklenburg-Vorpommerns" haben sie sich mit den neuen privaten Einzelfischern zusammengetan. Als weitere Genossenschaften sind Fischer des aufgelösten Saßnitzer Fischkombinats hinzugekommen. Man zählt ungefähr 1100 Beschäftigte in den 26 Genossenschaften, davon 800 Fischer. Da die

66.1 Fischereihafen Saßnitz

Stützungen weitgehend fortfallen, ist das Leben schwieriger geworden, denn auch der Markt wurde durch die Konkurrenz der übrigen Fischer der Bundesrepublik enger. Die Verdienste bei Konsumfischen wie dem Hering sind gesunken (1 t etwa 300 bis 400 DM), während sie beim Edelfisch (Zander, Hecht) geblieben sind. Der Heringsfang hat 1990 und 1991 wegen der Absatzschwierigkeiten abgenommen. Es wurden 1990 28 100 t und im 1. Halbjahr 1991 nur 9 000 t Hering angelandet, 1989 waren es über 50 000 t. Neben dem eigentlichen Fang hat sich in den letzten 10–15 Jahren das Mästen von Fischen unter dem Namen Aquakultur entwickelt. An verschiedenen Orten wie der Insel Poel, in den Boddengewässern bei Born, Stahlbrode, auf Rügen gibt es solche Anlagen, in denen meistens Lachsforellen gezüchtet und gemästet werden. 1988 wurden 100 t in Anlagen an der Außenküste produziert, weitere 700 t von der Binnenfischerei.

8.3 Badeleben und Badeorte

Das Badeleben an der mecklenburgisch-vorpommerschen Küste

Im Greifswalder Tageblatt vom 16.12.1991 heißt es: „Der Fremdenverkehrstag am Wochenende in Rostock ließ keinen Zweifel, die Saison '91 war kurz, aber erfolgreich: fünf Millionen Touristen besuchten die reizvolle Naturlandschaft im deutschen Nordosten …." . Die Notiz zeigt, daß der Wandel vom gelenkten Erholungswesen der DDR zum marktwirtschaftlichen Konzept der Bundesrepublik positiv verläuft, die genannte Zahl entspricht derjenigen der Vergangenheit. Was noch nicht wieder erreicht ist, ist die Dauer des Aufenthaltes und damit die finanziellen Einkünfte, denn ein kurzer Besuch an der Küste ersetzt nicht den längeren Erholungsurlaub. Dieser Gegensatz prägt aber die gesamte Entwicklung des Fremdenverkehrs an der Ostseeküste.

Die Naturbedingungen der Küstenregion sind recht günstig. Das Reizklima mit seiner frischen, salzhaltigen Luft ist ein Gunstfaktor. Die lange Außenküste ein zweiter. Sie weist 206 km (61 %) Flach- und 134 km (39 %) Steilküste auf. Die vielen Sandstrände und ein nur langsam tiefer werdendes Meer sind für den Badeurlaub sehr geeignet. Eine reizvolle Landschaft mit dem Wechsel von Wald und Offenland am Meer wie auf Rügen, Usedom, Fischland-Darß-Zingst oder auch die kulturhistorischen Städte im Hinterland der Küste, locken den Touristen an. 1988, dem Jahr der letzten Gesamtzählung, waren an der Küste in 255 Gemeinden 3,023 Mill. Dauerurlauber. Hinzu kommen noch einige Millionen Tagesbesucher. In den sieben größten Badeorten erholten sich fast 28 % aller Urlauber. Diese Zahl weist auf die Beliebtheit einzelner Orte hin.

Bei einem Blick auf die Verteilung der Urlauber in den Badeorten stellt man fest, daß in den letzten Jahren vor der Wende die an der Festlandküste gelegenen Orte über 50 % der Urlauber an sich zogen, während die insularen Gebiete, wie Rügen und

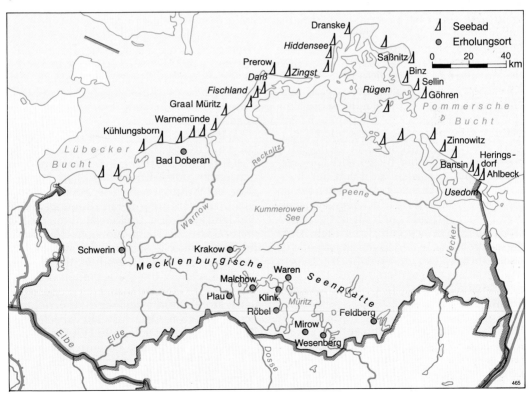

67.1 Die Ostseeküste mit den wichtigsten Touristenzentren

68.1 Kurhaus Binz

Usedom, dahinter zurücktraten. Bei der Organisation der Unterbringung standen die Campingplätze an erster Stelle, obwohl deren Ausstattungen nur in wenigen Fällen heute gültigen internationalen Standards entsprechen. Es folgten die betrieblichen Ferienheime und der Feriendienst der Gewerkschaften. Danach erst schließen sich die sonstigen, d. h. privaten Besucher, die Kinderferienlager, Jugendherbergen, Wochenendsiedlungen und das Reisebüro an. Von diesen Formen des Tourismus ist mit der deutschen Vereinigung und dem Übergang zur Marktwirtschaft fast nichts übrig geblieben. Die Heime, die von der Gewerkschaft genutzt wurden, sind von der Treuhand an Privatpersonen verkauft oder an frühere Eigentümer zurückgegeben worden. Privatisiert sind auch die übrigen Einrichtungen, bzw. werden sie es noch. Trotz dieser Probleme in den Eigentumsfragen ist nach einem Rückgang 1990 die 91er Saison wieder besser ausgefallen und für 1992 sind die Sommermonate fast überall ausgebucht.

Die Geschichte der Badeorte
Ihre Geschichte beginnt vor etwa 200 Jahren, als der mecklenburgische Herzog Friedrich Franz I. 1793 auf Anraten seines Arztes von seiner Sommerresidenz Bad Doberan aus an der Küste das Seebad Heiligendamm gründete. Einige Pensionshäuser mit einem Spielkasino waren der Anfang. Wer baden wollte, stieg in bereitgestellte Badekarren, von denen aus man nach dem Entkleiden bzw. Umziehen ins Wasser steigen konnte. Bei dieser Art zu baden, war es nicht so wichtig, daß in Heiligendamm der Strand mehr kiesig als sandig ist. Es waren auch nur die Mitglieder des Herzogshauses und dazugehörige wohlhabende Kreise, die sich den Luxus des Badens leisten konnten.

Das zweite Bad entstand 1816 in Lauterbach auf Rügen. Der Fürst von Putbus ließ dort für seine Gäste ein Badehaus bauen. In den ersten Jahrzehnten des 19. Jh. begann dann bei Wohlhabenden der Besuch an der Küste in Verbindung mit Bildungsreisen Anklang zu finden. In Warnemünde treffen erste Gäste 1817 ein. Von der Mitte des Jahrhunderts an erscheinen in immer mehr Orten an der Küste Familien, die Urlaub machen wollen. Für sie beginnen die Einwohner ihre Häuser auszubauen oder ganz neue Hotels und Pensionen zu errichten. Da die älteren Orte fast alle abseits der Küste liegen, entstehen die Häuser für die Gäste in Strandnähe. Es entwickeln sich reine Badeortsteile, wie man sie heute noch feststellen kann. Als Beispiele seien genannt auf Usedom Zinnowitz, Ückeritz, Zempin, Bansin, auf Rügen Binz und Sellin. Eine Voraussetzung war das Vorhandensein eines Sandstrands, und nach Möglichkeit sollte auch Wald oder eine zu Spaziergängen einladende Umgebung vorhanden sein. Auch der Verkehrsanschluß spielte eine Rolle.

Das Badeleben sah um die Jahrhundertwende so aus, daß man in den dafür errichteten Badeanstalten für Herren und Damen, später auch für Familien, zum Baden ging, während man am Strand Burgen im Sand baute und sich die Zeit vertrieb. Ein eigentliches Sonnenbaden kam in den 20er Jahren auf. Nachmittags ging man zum Kurkonzert. Das Baden vom Strandkorb aus wurde erst nach dem Ersten Weltkrieg allgemein üblich, so daß die Badeanstalten verschwanden. Die Entwicklung in den einzelnen Orten verlief unterschiedlich. Auf Rügen wurde Saßnitz Ende des 19. Jh. Modebad, weil Angehörige des Herrscherhauses sich dort aufhielten. Sehr lange hat Saßnitz die Stellung nicht halten können, weil die übrigen Voraussetzungen, wie ein guter Sandstrand nicht vorhanden waren. Danach hat auf Rügen Binz die erste Stelle in der Gunst der Gäste eingenommen.

Auf Usedom hatten alle Bäder bis zum Beginn des Zweiten Weltkrieges ihr bestimmtes Publikum, so war in Ahlbeck der Berliner Mittelstand zu Hause, in Heringsdorf die liberalen Kaufherren und Direktoren, in Bansin die konservativen Gäste und in Zinnowitz trafen sich die Gutsbesitzer konservativer Richtung. Auf dem Darß-Zingst erholten sich Angehörige des Mittelstandes.

Ähnliches läßt sich auch von den mecklenburgischen Badeorten sagen, wo nach Heiligendamm Warnemünde als Vorort von Rostock bald eine Rolle spielte. Im Westen des Landes war es Boltenhagen, das 1842 seine erste Gästeliste, die fast ausschließlich mecklenburgische Namen enthielt, veröffentlichte. Nach der Verbesserung der Verkehrswege, insbesondere dem Bau der Eisenbahn, wuchs dann in den letzten Jahrzehnten der Fremdenverkehr. So wurden die westlich von Heiligendamm liegenden Orte Brunshaupten und Arendsee sehr rasch zu Zentren der Erholung. 1938 entstand daraus die Stadt Kühlungsborn. Graal und Müritz entwickelten sich im Bereich der Rostocker Heide. Hinzu kamen dann noch die weiteren Küstenorte zwischen diesen Zentren. Der Höhepunkt der Entwicklung vor dem Ersten Weltkrieg war 1911 erreicht. Ein neuer Aufschwung trat dann mit der Einführung eines gesetzlichen Urlaubs in den 20er und 30er Jahren ein.

Nach dem Zweiten Weltkrieg entwickelte sich der Fremdenverkehr erst sehr langsam. Viele Häuser in allen Badeorten waren mit Flüchtlingen und Umsiedlern belegt, die erst nach und nach abwanderten. Danach kamen viele Pensionen in die Hände der Gewerkschaft, und auf der Basis des Volkseigentums begann die eingangs geschilderte Entwicklung. Die bald verbesserten Urlaubsbedingungen (geringe Kostenbeiträge) gaben allen Berufsgruppen die Möglichkeit zu einem Ferienaufenthalt. Da es nicht genug Mittel für Neubauten gab, entwickelte sich das Campingwesen, das, wie erwähnt, zuletzt den größten Anteil an den Unterkunftsmöglichkeiten bot.

Für den neuen Anfang eines privaten Fremdenverkehrs sind die Voraussetzungen einer naturnahen Landschaft mit ihren schönen Stränden an der mecklenburgisch-vorpommerschen Küste geblieben. Sie müssen für einen sogenannten sanften Tourismus genutzt werden, der die Natur schont.

8.4 Insel Poel

Im Osten der Wismarbucht liegt die Insel Poel (37 km²), auf der in wenigen Dörfern ungefähr 2 800 Menschen leben. Ihre Lebensgrundlage ist die Landwirtschaft, die sich mit Pflanzenzüchtung und Vermehrung befaßte und sich jetzt auch den Problemen der Marktwirtschaft stellen muß. Weitere Arbeitsmöglichkeiten bieten in geringem Umfang die Fischerei mit Fang und Aquakultur und der Fremdenverkehr, der reprivatisiert neue Möglichkeiten bietet. Die Insel ist mit dem Schiff von Wismar aus oder über einen Damm zu erreichen. Sie besteht aus einer flachen bis flachwelligen landwirtschaftlich genutzten Grundmoränenfläche, die im Kickelberg bis zu 26 m ansteigt. An der West- und Nordküste

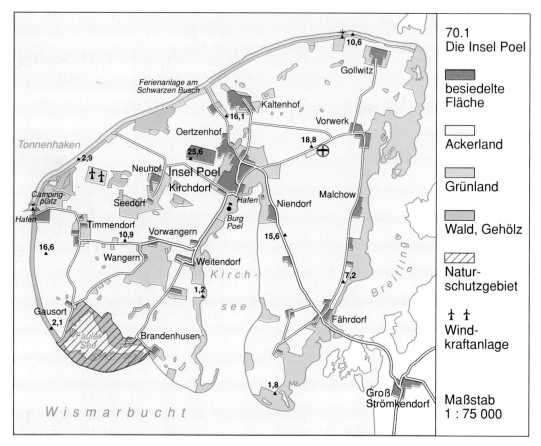

70.1
Die Insel Poel

besiedelte Fläche

Ackerland

Grünland

Wald, Gehölz

Natur-schutzgebiet

Wind-kraftanlage

Maßstab
1 : 75 000

bricht sie mit mehreren Metern hohen Kliffkanten zum Meer ab. Der Hauptort ist Kirchdorf mit einem Fischereihafen. Timmendorf mit einer Lotsenstation und einem Leuchtturm ist ebenso wie Kirchdorf vom Fremdenverkehr geprägt. Die übrigen Inselorte werden von der landwirtschaftlich tätigen Bevölkerung bewohnt. Vor der Nordküste liegt die Vogelschutzinsel Langenwerder (22 ha), die von verschiedenen Möwenarten und anderen Seevögeln aufgesucht wird.

8.5 Halbinsel Fischland-Darß-Zingst

Diese Halbinsel beginnt nördlich von Ribnitz-Damgarten, erstreckt sich etwa 28 km von Südwest nach Nordost bis zum Darßer Ort und vom Westdarß bis Pramort 25 km von West nach Ost. Hinzu kommen noch 9 km mit den Werdern und dem Bock, die durch Flutrinnen getrennt sind. Die Halb-

insel scheidet die westlichen Bodden von der Ostsee ab und bietet nach außen eine Ausgleichsküste, die im Westen am Fischland weitgehend im Abbruch liegt – jährlich fast 30 cm – und im Osten anlandet. Dünen, Deiche, Wiesen, Moore und Röhricht wechseln mit Kliffstrecken, Höhen mit Aussichten und kleinen Häfen.

Auf dem Darß empfängt den Besucher ein naturnaher Wald mit Kiefern, Eichen, Buchen, Erlen sowie Farnen, Heidelbeeren und anderen Pflanzen. Auffällig sind an der Westküste die sogenannten Windflüchter, Bäume, die im Wuchs der Hauptwindrichtung folgen. Auf dem Zingst ist der Wechsel von Wald, Düne und Grünland typisch.

Entstanden ist die Halbinsel vom Spätpleistozän bis heute, wo sie am Darßer Ort noch wächst. Ausgangspunkte sind eine Reihe von Pleistozänkernen unterschiedlicher Größe. Sie sind im Laufe der Ostseentwicklung nach der Litorinatransgression durch Haken und Nehrungsbildung zu-

71.1 Ausgleichsküste am Darß

71.2 Boddenlandschaft Darß

sammengewachsen und bilden einen Wechsel von Seesandebenen und Hügelpartien. Die größte Höhe auf dem Fischland ist der Bakelberg mit 18,8 m. Nach der kleinen Niederung der Loop, einem früheren Ausfluß des Saaler Boddens, erhebt sich der Schafferberg mit 14,1 m. Es folgt dann nach dem flachen Vordarß der Altdarß bis 9 m ansteigend. Er bricht an der Buchhorster Maase mit einem bis 6 m hohen Kliff zum Neudarß ab, der von hier mit seinem Wechsel von verdünten Strandwällen, den Riffen, und den Vertiefungen, den Riegen, die in den letzten 3 600 Jahren entstanden sind, das Bild bestimmt. Letztere sind vermoort und enthalten vereinzelt noch Restseen.

Früher bestehende Ausflüsse aus den Bodden in die See sind nach und nach von den Anwohnern geschlossen worden; als letzter der Prerowstrom nach der Sturmflut 1872. Der Darß-Zingst gehörte zu Pommern, das Fischland zu Mecklenburg. Die Bewohner der kleinen Dörfer am Bodden lebten bis zum 19. Jh. von etwas Landwirtschaft, Holzwirtschaft und Fischerei. Die schon erwähnte Blüte der Segelschiffahrt im 19. Jh. machte sich auch hier bemerkbar. Neben einem kleinen Schiffbau fuhren viele Einwohner zur See. Eine Tradition, die bis heute blieb.

Etwa ab 1880 begann auf Fischland, Darß und Zingst die Entwicklung des Fremdenverkehrs. Besonders Ahrenshoop, Prerow und Zingst hatten Anteil an dieser Entwicklung, die hier jedoch deutlich geringere Auswirkungen als beispielsweise auf Rügen hatte. In den kleineren Orten blieben Landwirtschaft und Handwerk bestimmend. Erst 1910 wurde der Eisenbahnanschluß der Halbinsel über Barth nach Prerow und Zingst realisiert. 1945 wurde diese Strecke demontiert. Auch heute ist das Erholungswesen der wichtigste Wirtschaftszweig. Daneben spielt die Landwirtschaft, die in den letzten Jahrzehnten durch ein Gut für Rinderzucht gekennzeichnet war, eine weniger bedeutende Rolle.

In den nächsten Jahren werden die Belange des Fremdenverkehrs, der Landwirtschaft und des Nationalparks aufeinander abgestimmt werden müssen. Durch die Bestimmung der Vorpommerschen Boddenlandschaft als einer der drei Nationalparke Mecklenburg-Vorpommerns soll auch der Raum der Halbinsel zu einer Landschaft entwickelt werden, die noch überwiegend eine naturnahe Vegetationsdecke besitzt. Der Mensch soll sich mit seinen Nutzungsaktivitäten aus dieser Landschaft zunehmend zurückziehen. Totalreservate sollen möglichst dominieren.

8.6 Usedom – Ostseeparadies in Vorpommern

Die Insel Usedom ist eines der anderen Urlauberzentren an der deutschen Ostseeküste. Breite, weiße Strände mit Dünen oder Steilküste und dahinter liegenden Wäldern und Seen machen ihren Reiz aus. Sie liegt im Odermündungsbereich zwischen Ostsee, Haff, Peenestrom und Swine. Von ihrer Größe von 445 km² gehören 354,2 km² zum Land Mecklenburg-Vorpommern. Der östliche Teil mit Swinoujscie (Swinemünde) ist polnisch. Die Nordwest-Südost-Erstreckung vom Peenemünder Haken bis zur Staatsgrenze zur Republik Polen bei Ahlbeck beträgt 42 km (Luftlinie), ihre Nord-Süd-Ausdehnung 37 km.

Die Insel zeigt ein wechselndes Bild von flachen, wasserdurchsetzten Ebenen im Nordwesten und einer unruhigen Hügellandschaft mit Höhen bis zu 60 m und mit eingestreuten Seen nach Südosten. Der Blick schweift über Felder und Wälder zum Haff mit dem Achterwasser und zur Ostsee mit ihren weißen Sandstränden.

Die heutige Oberflächengestaltung ist auch hier das Ergebnis der spätglazialen Vorgänge der Weichsel-Kaltzeit. In die nach dem Rückzug des Eises vorhandene Tal- und Hügellandschaft drangen die Vorläufer der Ostsee ein und bildeten Haken und Nehrungen, die den geschlossenen Außensaum an der heutigen Ostsee geschaffen haben. Besonders charakteristisch im Küstenraum sind die Dünenbildungen. Sie haben ein unterschiedliches Alter und zeigen demgemäß unterschiedliche Färbungen (Braun-, Gelb-, Grau- und Weißdünen). Dieses Dünengebiet kann man im Raum Trassenheide–Zinnowitz gut erkennen. Die jüngsten Dünen (Grau- und Weißdünen) zeigen einen annähernd küstenparallelen Verlauf. Landwärts schließen sich die Gelb- und Braundünen an. Auf der Binnenseite Usedoms blieb eine stärkere Gliederung durch das Achterwasser (85,5 km²) und die Krumminer Wiek (16 km²) bestehen.

Auf die Nutzungmöglichkeiten der Solequellen bei Heringsdorf und das Erdöl bei Lütow sei noch einmal aufmerksam gemacht. Burgwälle bei Usedom, Mellenthin und Neppermin erinnern an die slawische Besiedlung der Insel; Funde aus früheren Zeiten daran, daß hier alte Siedlungsgebiete sind.

Als im 19. Jh. das Badeleben aufkam, entstanden auch auf Usedom sehr rasch Hotels und Pensionen in Strandnähe, während die alten Bauern- und Fischerdörfer auf der Binnenseite (Achterwasser) gelegen waren. Eine Eisenbahnstrecke wurde 1879 von Ducherow über Karnin-Usedom nach Swinemünde gebaut, die 1989 einen Anschluß nach Heringsdorf erhielt. Aber erst 1911 wurde die Strecke entlang der Badeorte an den Küsten von Heringsdorf bis Wolgast errichtet.

Eine besondere Rolle spielt in der jüngsten Geschichte der Ort Peenemünde im Nordwesten der Insel. Das gesamte Gebiet nördlich von Karlshagen wurde 1936 von der Wehrmacht aufgekauft und eine Forschungs- und Versuchsstation für die Raketentechnik errichtet. Auf der Greifswalder Oie, der kleinen Ostseeinsel, wurden die Raketen zunächst getestet. Die Entwicklung führte zu der V_1 und V_2, die ab 1942 einsatzbereit waren und produziert wurden. Nach einem englischen Luftangriff 1943 verlagerte man die Produktion in den Harz. Die Forschung blieb bis Anfang 1945 auf Usedom. Nach dem Kriege arbeiteten die Wissenschaftler wie Wernher von Braun in den USA, andere in der damaligen UdSSR. Alle großen Weltraumraketen sind in ihren Anfängen auf Peenemünde zurückzuführen. Heute ist hier ein kleines Museum. Das Gelände um Peenemünde ist aber noch weitgehend unzugänglich.

Der Tourismus spielt heute die Hauptrolle in der Wirtschaftsstruktur Usedoms. Die Fischerei als bodenständiger Wirtschaftszweig hat keine große Bedeutung. Die Fischer fangen in geringem Umfang im Haff, züchten im Achterwasser und mästen und fahren mit Kuttern auf der Ostsee. Industrie ist nur in Ansätzen vorhanden und fertigt in Trassenheide vor allem Kleingeräte und Medizintechnik. Der Hauptort der Industrie ist Wolgast, wo die Peenewerft, die früher Marinefahrzeuge baute, nun Küstenmotorschiffe, Luxusyachten und Schiffssektionen herstellt. Außerdem ist noch etwas Bau- und Nahrungsmittelindustrie hier zu Hause. Ein Teil der Arbeitskräfte kommt aus den Inselorten.

Die Landwirtschaft war in den letzten vierzig Jahren sehr auf Viehwirtschaft ausgerichtet, weil von der landwirtschaftlichen Nutzfläche von 29 476 ha (Kreis Wolgast 1989) 11 519 ha (39 %) Grünland waren. Insbesondere nach der Melioration des Thurbruches im Südosten wurde dort Jungviehaufzucht betrieben. Nach der deutschen Einheit tritt hier eine Extensivierung ein. Auch im Feldbau ist ein Rückgang zu verzeichnen.

8.7 Rügen und Hiddensee

Rügen ist mit 926,4 km² die größte deutsche Ostseeinsel. Sie wird durch den Strelasund und den Greifswalder Bodden vom Festland getrennt. Seit 1936 verbindet der 2,5 km lange Rügendamm mit Bahn und Straße beide Seiten. Die Insel ist durch Bodden stark gegliedert und zwar in das sogenannte Muttland und die Halbinseln Wittow, Jasmund und Mönchgut, die durch Nehrungen miteinander verbunden sind. Wenige Orte sind mehr als 6 km vom Meer entfernt. Vom Relief her kann man ein westliches und südwestliches Niederrügen von einem östlichen Hochrügen unterscheiden. Die Insel entstand im wesentlichen im Pleistozän der Weichselvereisung (vor 15 000 Jahren) und der Zeit danach, dem Holozän. Die Unterlagernde Kreide bildet vor allem auf Jasmund, z.T. auch auf Wittow, die mächtigen und eindrucksvollen Kreidekliffe an der Ostsee. Hier finden sich auch die höchsten Erhebungen (Piekberg 161 m, Königsstuhl 119 m).

Das Klima der Insel ist maritim beeinflußt. Die phänologischen Daten zeigen eine Verzögerung des Frühlingseinzuges von Süd nach Nord um einige Tage, gegenüber dem Festland um eine Woche. Heute

74.1 Kreideabbau bei Sagard auf Jasmund/Rügen

74.2 Feuersteinfelder bei Mukran

sind etwa 15 % der Insel vom Wald bedeckt, der im Mittelalter viel weiter verbreitet war (z. B. Wittow). Während auf Jasmund und in der Granitz die Buche auf Grund der kalkreichen Böden die dominierende Baumart ist, herrscht auf den Nehrungen mit ihren Sandböden die Kiefer vor. Eine Reihe von seltenen Pflanzen (Stechpalme, Orchideen u. a.) sind zu finden.

Vor etwa 5 000 Jahren pendelte sich der Meeresspiegel annähernd auf das heutige Niveau ein. Ungefähr seit dieser Zeit lassen sich auch Veränderungen der Naturlandschaft nachweisen, die durch den Menschen verursacht werden. Erinnert sei an die mesolithischen Feuersteinwerkstätten bei Lietzow und an die jungsteinzeitlichen und bronzezeitlichen Großstein- und Hügelgräber in der Stubnitz, bei Lancken-Granitz, auf Mönchgut und Wittow. Hingewiesen sei auch noch einmal auf die slawischen Burgwälle, deren Verteilung auf der Insel die staatliche Gliederung in kleine Kreise, die sogenannten Burgbezirke, deutlich macht.

Das Siedlungsnetz der Vergangenheit war durch Kleinsiedlungen gekennzeichnet. Städte waren nur Garz (1315) und Bergen (1613). Saßnitz und Putbus kommen erst 1957 bzw. 1960 dazu. Heute wohnen etwa 87 000 (1990) Bewohner auf der Insel. Etwa 40 % der Inselbewohner leben in den zahlreichen kleineren Orten.

Hauptbereich der Wirtschaft war in der Vergangenheit die Landwirtschaft, die bis 1945 vorwiegend als Gutswirtschaft betrieben wurde und zwischen 17. und 19. Jh. die alte bäuerliche Struktur zerstört hatte. Nach dem Zweiten Weltkrieg veränderte die Bodenreform auch hier die Strukturen. Mit der Einführung der Marktwirtschaft 1990 lösten sich diese Strukturen wieder auf. Heute gibt es eine Reihe von Einzelbauern und neue genossenschaftliche Betriebe meist auf der Basis einer GmbH. Von der landwirtschaftlichen Nutzfläche von 65 134 ha sind 11,6 % stillgelegt worden.

Veränderungen wie in der Landwirtschaft sind auch in allen übrigen Wirtschaftszweigen vor sich gegangen. Die rohstofforientierte Kreidindustrie, deren ehemalige und gegenwärtige Tagebaue insbesondere auf Jasmund zu finden sind, hat im zentralen Verarbeitungsbetrieb in Clementelvitz bei Saßnitz ihre Produktion wegen Absatzschwierigkeiten drosseln müssen. Stärkere Impulse als aus den Industriebe-

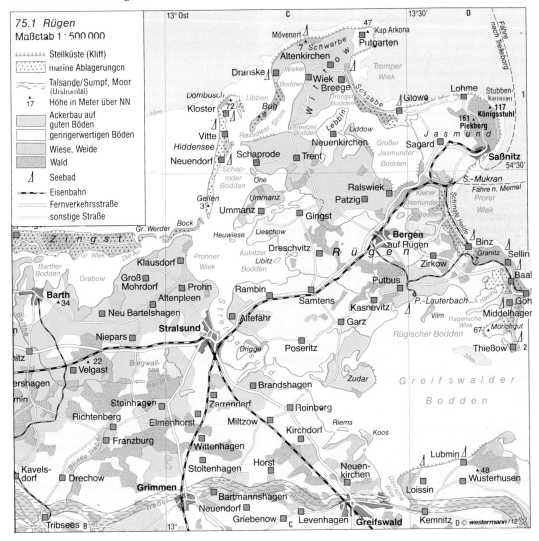

75.1 Rügen
Maßstab 1 : 500 000

trieben erhielt die Insel aus dem aufkommenden Fremdenverkehr. Häuser, z. B. in Saßnitz, wurden aufgestockt, erhielten Anbauten und Veranden; Kurhäuser, Hotels und Pensionen entstanden in Strandnähe. Die Entwicklung nach 1945 begann unter erheblich verschlechterten Bedingungen. Ein Teil der ehemaligen Urlauberunterkünfte wurde als Wohraum genutzt (Kriegszerstörungen, Umsiedler), andererseits hatten alle Einrichtungen unter der fehlenden Pflege sehr gelitten. In den 70er und 80er Jahren wurde vor allem das gewerkschaftliche Erholungswesen durch Neubauten ergänzt (z. B. Binz).

Nur wenige Kilometer südlich von Saßnitz wurde in den 80er Jahren einer der größten Verkehrsbauten der damaligen DDR errichtet. Der Fährkomplex Mukran sollte zu Bewältigung des sich stark entwickelnden Verkehrsaufkommens mit der damaligen Sowjetunion und zur Entlastung der Transporte durch Polen dienen. Es entstand eine 4 km lange und 1,8 km breite Anlage mit zwei Fährbrücken und einer Umspuranlage. Gegenwärtig ist der Name Mukran erneut im Gespräch. Da es kaum noch Personen- oder Güterverkehr auf der Fährlinie Mukran–Klaipeda (Litauen) gibt, ist die Zukunft des Hafens sehr gefährdet. Das Vorhaben, eine große Werft in Mukran zu errichten, wurde aufgrund von Umweltschutzbedenken inzwischen aufgegeben.

Die landschaftlichen Schönheiten Rügens haben dazu geführt, daß heute über die Hälfte der Insel unter Schutz gestellt worden ist. Das größte Gebiet ist das Landschaftsschutzgebiet Ostrügen (475 km²), zu dem Teile wie der Nationalpark Jasmund (30 km²) mit seiner Kreideküste und den Buchen-Mischwäldern und seltenen Pflanzen sowie das Naturschutzgebiet Feuersteinfelder bei Mukran gehören, die vor 3 000–4 000 Jahren durch Sturmhochwasser in mehreren Steinwällen parallel zur Küste aufgeworfen worden sind und durch die menschliche Nutzung z.T. noch offen daliegen. Auch das Biosphärenreservat SO-Rügen gehört hierher. Im Süden am Strelasund ist um die Halbinsel Drigge ein weiteres Landschaftsschutzgebiet festgelegt.

76.1 *Ausflugsziel Jagdschloß Granitz*

Der Boddenküste im Westen vorgelagert ist „das söte Länneken“, die Insel Hiddensee (17 km lang, 18,6 km²), die als Urlauberparadies bekannt ist, und nur per Schiff und ohne Kraftfahrzeug von Stralsund oder Schaprode/Rügen zu erreichen ist. Etwa 200 000 Menschen besuchen die Insel jährlich als Tagesbesucher oder Urlauber. Die West-, Nord- und Nordostseite bietet Sandstrand zum Baden. Ihre geologisch-morphologische Gliederung läßt vier Teile hervortreten.

Im Norden ragt der eiszeitliche (pleistozäne) Inselkern des Dornbusch heraus, an den sich nach Süden das Flachland mit dem Gellen und im Nordosten die Hakenbildung des Bessin anschließen. Auf der Binnenseite liegt durch einen flachen Wasserarm getrennt, die Fährinsel. Sie zeigt einen besonderen Pflanzenwuchs mit Stranddistel, Meerkohl und Salzpflanzen. Der Dornbusch ist der Rest eines Stauchmoränenkomplexes des Spätglazials der Weichselvereisung. Er besteht aus Sanden, Kiesen, Mergel und älteren Schollen. Er erreicht im Bakenberg (72 m) und Swantiberg (82 m) seine größten Höhen.

Der im Osten anschließende Bessin besteht aus den von der Küstenströmung abgelagerten Sanden. Der alte Teil ist mit Sanddorn, Holunder, Brombeeren und in den schlickigen Senken mit Röhricht und

Salzpflanzen bestanden. Im Frühjahr und Herbst ist er Brut- bzw. Raststätte für zahlreiche Vogelarten. Vom Dornbusch nach Süden dehnt sich das Flachland aus, das sich unter einigen kleineren Geschiebemergelkernen aus Haken und Nehrungen der Nacheiszeit aufgebaut hat und zwischen 100 m und 2 km breit ist. Am Gellen, dem südlichsten Teil, zeigt sich das seit Jahrhunderten andauernde Wachstum sehr deutlich. Durch die Wirkung des Meeres tritt ein starker Küstenabbruch auf. Enorme Schutzmaßnahmen sind erforderlich. So sind z. B. Sturmhochwasser eine Gefahr für die Insel. Durchbrüche durch die Insel traten 1872 und 1884 auf.

Die Fischerei ist bis zur Gegenwart ein Wirtschaftszweig der Inselbewohner geblieben. Das Schwergewicht liegt aber auf dem Gebiet des Tourismus, der sich seit Anfang unseres Jahrhunderts entwickelt hat. Von diesem leben die Menschen in den Orten der Insel wie Kloster, das am Fuße des Dornbusches liegt. Grieben liegt etwas östlich davon und war ursprünglich landwirtschaftlich orientiert. Heute ist es aber auch der Fremdenverkehr, der den Lebensunterhalt der Bewohner sichert. Der Hauptort ist das auf dem Flachland gelegene Vitte. Zahlreiche Pensionen und kleine Hotels charakterisieren diesen Ort. Am südlichen Ende der Insel liegt Neuendorf, das noch relativ viele Fischer aufweist, obwohl auch hier das Erholungswesen bestimmend ist.

77.1 Ehemalige Fischerkaten in Grieben auf Hiddensee

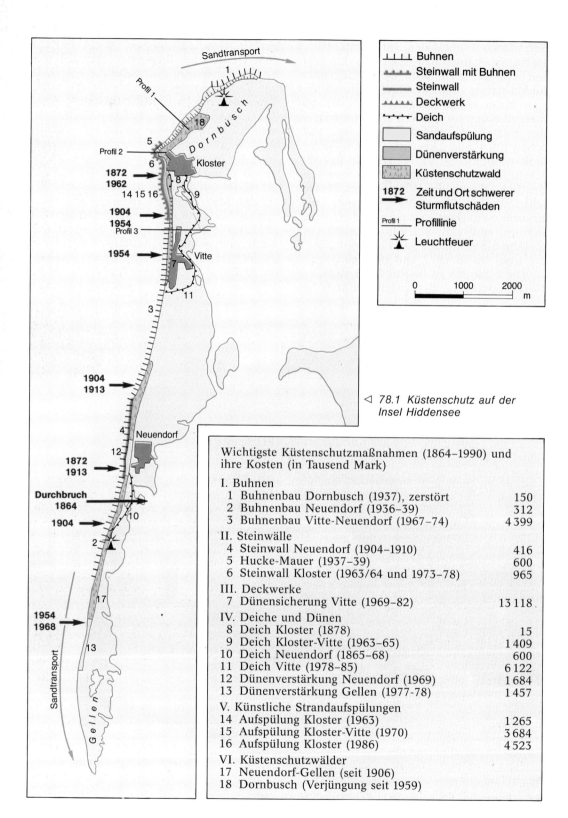

△ 78.1 Küstenschutz auf der Insel Hiddensee

Legende:

⊥⊥⊥⊥ Buhnen
▲▲▲▲ Steinwall mit Buhnen
──── Steinwall
▲▲▲▲ Deckwerk
⊤⊤⊤⊤ Deich
Sandaufspülung
Dünenverstärkung
Küstenschutzwald
1872 → Zeit und Ort schwerer Sturmflutschäden
Profil 1 Profillinie
☀ Leuchtfeuer

0   1000   2000 m

Wichtigste Küstenschutzmaßnahmen (1864–1990) und ihre Kosten (in Tausend Mark)

I. Buhnen
1 Buhnenbau Dornbusch (1937), zerstört ... 150
2 Buhnenbau Neuendorf (1936–39) ... 312
3 Buhnenbau Vitte-Neuendorf (1967–74) ... 4 399

II. Steinwälle
4 Steinwall Neuendorf (1904–1910) ... 416
5 Hucke-Mauer (1937–39) ... 600
6 Steinwall Kloster (1963/64 und 1973–78) ... 965

III. Deckwerke
7 Dünensicherung Vitte (1969–82) ... 13 118

IV. Deiche und Dünen
8 Deich Kloster (1878) ... 15
9 Deich Kloster-Vitte (1963–65) ... 1 409
10 Deich Neuendorf (1865–68) ... 600
11 Deich Vitte (1978–85) ... 6 122
12 Dünenverstärkung Neuendorf (1969) ... 1 684
13 Dünenverstärkung Gellen (1977–78) ... 1 457

V. Künstliche Strandaufspülungen
14 Aufspülung Kloster (1963) ... 1 265
15 Aufspülung Kloster-Vitte (1970) ... 3 684
16 Aufspülung Kloster (1986) ... 4 523

VI. Küstenschutzwälder
17 Neuendorf-Gellen (seit 1906)
18 Dornbusch (Verjüngung seit 1959)

79.1 Malchow, Müritzer Seenplatte

9 Die Mecklenburgische Seenplatte

„Land der Seen und Wälder" kann man diese Großlandschaft nennen. Sie wird begrenzt von den äußeren und inneren baltischen Endmoränen. Über die sich von Südost nach Nordwest erstreckende Seenplatte, auch als Rückgrat des Landes bezeichnet, läuft die Wasserscheide zwischen Ostsee und Nordsee. Auch klimatisch trennt die Seenplatte das durch die Ostsee maritim beeinflußte Gebiet der nördlich gelegenen Täler und Platten von dem kontinentaler geprägten Raum südlich davon. Die Endmoränenbögen des Pommerschen Stadiums, der inneren baltischen Endmoräne, begrenzen den Raum im Nordosten. Nördlich dieses Landrückens finden wir die nur wenige Dezimeter über dem Meeresspiegel liegenden Seen wie den Kummerower und Malchiner oder den Tollensesee und die Ueckerseen.

Vom nördlichen Landrücken bietet sich nach Süden bzw. Südwesten ein vielfältiges Bild. Abflußrinnen, Sander und viele

Gewässer gestalten es. Die Seen, innerhalb von Schmelzwasserbahnen als Rinnenseen ausgeprägt oder als tiefgetaute Toteismulden weite Wasserflächen bietend, kennzeichnen das Gebiet. Bis zu 10 % dieses Raumes werden vom Wasser bedeckt. Seine Grenze gegen Süden und Südwesten findet dieses Gebiet in den etwas älteren Ablagerungen der Frankfurter Staffel, die sich ungefähr 30–40 km entfernt vom nördlichen Landrücken erheben, und zwischen 60 und 80 m über dem Meeresspiegel liegen. Sie sind gegliedert durch ein abwechslungsreiches Hügelland und die dazwischen liegenden zahlreichen Seengruppen.

Die Böden im Bereich der Seenplatte sind der Entstehung entsprechend sehr verschieden. Im westlichen Teil sind es vielfach sandige Lehme, während ostwärts der Müritz die sandige Komponente zunimmt und überwiegt. Ihnen werden Bodentypen zugeordnet wie Braunerden,

79

rostfarbene Waldböden, die mehr oder weniger gebleicht sind, bis zu Podsolen und in den feuchteren Räumen Gleye.

Die natürliche Vegetation paßt sich den Standortbedingungen an. So stehen auf den besseren Böden westlich des Schweriner Sees Buchenmischwälder, während auf den sandigeren Böden vor allem Kiefern- und Eichen-Buchenwald wächst. Wegen der unterschiedlichen natürlichen Voraussetzungen kann man eine Reihe von Teillandschaften ausgliedern:

(1) das Westmecklenburgische Seenhügelland
(2) das Schweriner Seengebiet
(3) das Sternberg-Krakower Seen- und Sandergebiet
(4) das Obere Warnow-Elde-Gebiet
(5) das Mecklenburgische Großseenland
(6) das Neustrelitzer Kleinseenland
(7) das Feldberger Gebiet.

(1) Das Westmecklenburgische Seenhügelland erfaßt den Raum zwischen dem Ratzeburger und Schweriner See. Es ist ein Moränenland mit Höhen zwischen 50 und 100 m. Darin eingeschnitten sind die Täler der kleinen Flüsse, die wie Stepenitz und Maurine nach Norden abfließen und die Sude, die nach Süden zur Elbe entwässert. In sie sind einzelne Seen eingeschaltet, z. B. der Schaalsee (20 km²).

(2) Zu dem nach Osten folgenden Schweriner Seengebiet gehört der Schweriner See. Mit einer Länge von 23 km, einer Breite von 5,5 km und einer Tiefe von 51 m beträgt seine Fläche 62,1 km². Außerdem liegen weitere kleine Seen um ihn herum. Er liegt als ehemaliges toteisgefülltes Zungenbecken zwischen der nördlichen Endmoräne des Pommerschen Stadiums und der Frankfurter Staffel im Süden. Geprägt wird die Landschaft durch die Gegensätze zu den umgebenden Moränenhöhen, die vielfach bewaldet sind und nach Süden in die Niederung der Lewitz übergehen. Bedeutend ist der kulturlandschaftliche Einfluß der Stadt Schwerin.

(3) Das anschließende Sternberg-Krakower Seen- und Sandergebiet ist von ausgedehnten Sanderflächen am Südrand der nördlichen Endmoränen erfüllt. Der Wechsel zwischen Seen wie dem Krakower (15,7 km²), dem Sternberger, Goldberger

(7,7 km²) und Dobbertiner See und den Hügeln der Seenstaffel mit ihren Kiefern-, Eichen- und Buchenwäldern hat eine vielfältige Landschaft geschaffen, die Möglichkeiten für den Tourismus bietet.

(4) Als Übergangsgebiet zur Großseenlandschaft ist das Obere Warnow-Elde-Gebiet anzusehen, das als von Söllen durchsetztes Moränenland Quellraum für die Warnow ist und im Süden von der Elbe durchquert wird.

(5) Es folgt beginnend mit dem Plauer See (38,8 km²) das Großseenland, zu dem an größeren Seen weiterhin gehören der Fleesensee (11,0 km²), Kölpinsee (20,5 km²), und vor allem die Müritz (112,6 km²). Hinzu kommen eine Reihe kleinerer Seen. Das ganze Gebiet zwischen den Hauptendmoränenzügen ist ein welliges Hügelland mit Höhen, die zwischen 75 und 120 liegen. Die Seen sind eine Mischung von niedergetauten Toteismulden und Zungenbecken sowie Schmelzwasserrinnen. Die zahlreichen Waldungen bestehen demgemäß aus Eichen-Buchen-Kiefern, und in den Niederungen stehen Erle und Esche.

Beherrschend ist als größter deutscher Binnensee die Müritz, das „Meer". Sie ist 23 km lang, bis zu 12 km breit und bis zu 31 m tief, bei einer Durchschnittstiefe von 6 m. Ihre heutige Größe ist nach Bau- und Regulierungsarbeiten in den Jahren 1831 bis 37 entstanden. Damals wurde der Wasserspiegel um etwa 1,5 m gesenkt. Der fischreiche See wird wie die Nachbarseen bewirtschaftet. Einen Eindruck von der Größe des Sees gewinnt man sowohl vom Norden in Waren, wie von der Westseite in Klink und im Südwesten von Röbel aus.

Das ganze Gebiet der großen Seen ist heute im Nationalpark Müritzsee zusammengefaßt und soll damit gegen menschliche Unvernunft geschützt werden. Vorrangige Naturschutzgebiete sind das Ostufer der Müritz wegen der seltenen Pflanzen- und Tierwelt, unter der der See- und Fischadler sowie Kraniche eine besondere Rolle spielen. Schutz genießen auch die Wisente auf dem Damerower Werder am Kölpinsee, wo man aus polnischer Zucht diese hier früher heimisch gewesene Tiere wieder aufzieht.

(6) Als weiterer Teil der Mecklenburgischen Seenplatte ist das Neustrelitzer

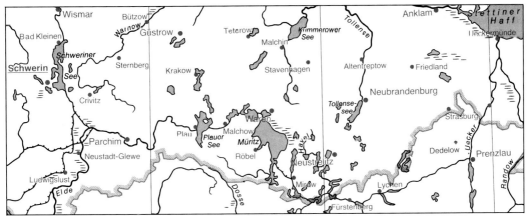

81.1 Die Mecklenburgische Seenplatte   Maßstab 1:1 500 000

Kleinseenland zu nennen. Viele lange und schmale Rinnenseen finden sich in dem weitgehend durch Sander zwischen einzelnen Moränenketten geprägten Raum. Die Seen sind alle miteinander verbunden, teils, weil sie von der hier entspringenden Havel durchflossen werden, teils, weil sie durch Kanalbauten an die Havel angeschlossen sind. Wegen der armen Böden herrschen Nadelwälder vor, während die Landwirtschaft zurücktritt.

Diese beiden letzten Landschaftseinheiten gehören zu den wichtigen Erholungsgebieten des Landes und sind in den letzten Jahrzehnten für diese Zwecke aufgeschlossen worden. Als Besonderheit ist auch hervorzuheben, daß durch die gesamte Seenplatte ein Wasserweg führt, der früher einmal als Schiffahrtsweg für Frachtschiffe gedient hat. Heute bietet er noch Sportbooten die Möglichkeit, von der Havel aus über kleine Kanäle bis zur Müritz und von dort nach Westen zunächst wieder über Kanäle zur Elde und schließlich zur Elbe zu gelangen.

(7) Eine gewisse Sonderstellung haben die nordöstlichsten der Neustrelitzer Seengruppe gelegenen Feldberger Seen. Sie liegen in einem Bogen des Pommerschen Stadiums in einer Höhe von etwa 84 m. Zu ihnen gehören der Haussee (1,3 km², bis 12 m tief), der Breite Lucin (3,3 km², bis 58 m tief, der tiefste See Mecklenburgs), der Schmale Lucin, ein Rinnensee bei 7 km Länge, 1,3 km² groß und bis zu 34 m tief. Sie liegen an der Wasserscheide Ostsee–Nordsee und entwässern zur Nordsee auf zwei

Weisen. Auf natürliche Weise durch einen Abfluß zum 20 cm tiefer gelegenen Carwitzer See (6 km², bis zu 40 m tief) und von dort unterirdisch zum Krüselsee oder künstlich bei hohem Wasserstand über einen Kanal, die Isern-Purt zum Mellensee bei Funkenhagen und weiter zur Havel. Die Lage dieser Seen in den z.T. von Buchenwäldern bestandenen Endmoränen ist sehr reizvoll und zieht zahlreiche Touristen an.

Die gesamte Mecklenburgische Seenplatte ist aber nicht nur naturlandschaftlich geprägt, sondern trägt auch einmalige und landschaftstypische kulturgeographische Besonderheiten. Es sind die Städte an den Seen, die eine alte Geschichte haben und gern von Touristen aufgesucht werden. Es ist aber auch das weite Land, das noch viele Elemente der feudalen Gesellschaft des 17.–19. Jh. widerspiegelt, was sich in den ehemaligen Gutsdörfern, in alten Herrenhäusern und Schlössern äußert. Diese Einheit von natur- und kulturgeographischen Besonderheiten machen den Reiz dieses Gebietes aus. Diese naturnahe Landschaft zu erhalten, ist und muß Aufgabe der Gegenwart und Zukunft sein. Alle unsere Naturlandschaften waren – das betrifft sowohl die vorpommersche Boddenlandschaft, Rügen als auch die Seenplatte –, solange die Menschen sie nicht überforderten, funktionstüchtig, leistungs- und entsorgungsfähig. Das galt für die Seen und Moore, für die Wälder, Wiesen und Äcker. Aber durch die immer stärkere Nutzung wurden und werden diese natürlichen Räume zerstört und krank.

9.1 Schwerin – die Landeshauptstadt

Schwerin ist die Hauptstadt unseres Bundeslandes. In einer von Seen und Wald geprägten Landschaft liegt sie am Südwestrand des Schweriner Sees und dehnt sich heute bis zu der westlich gelegenen Rinne des Medeweger, Lankower und Ostorfer Sees aus. Vom Dom hat man Mühe, die ganze Stadt zu überblicken. Schwerin wirkt trotz seiner vielen neuen Industriebetriebe nicht wie eine Industriestadt. Es erscheint vielmehr als ein farbiges Mosaik aus alten Häuserzeilen, neuen Stadtvierteln, Seen, Inseln, Parks und Wäldern. Vom Turm des Domes läßt sich das Leben auf den Straßen und Plätzen gut beobachten. Inmitten der Stadt erstrecken sich weitreichende Parkanlagen, die zu einem Spaziergang einladen. Langsam steigen wir die Stufen in der engen Wendeltreppe des Doms hinab. Vom Markt schlendern wir zum Alten Garten hinüber, dem schönen,

weiträumigen, der Schloßinsel vorgelagerten Platz, auf dem sich das Theater und das Museum erheben und an dessen Ufer die Ausflugsdampfer liegen.

Vom Alten Garten aus verlassen wir das Festland über die Schloßbrücke. Der um das Schloß liegende Burggarten steht voller exotischer Bäume. Inmitten dieses Parks liegt das Schloß. Dort lag der Ursprung der Stadt. Auf Inseln und flachen Moränenrücken, die in den großen See ragten und moorige Strände hatten, lagen die slawischen Siedlungen. Auf der Burgwallinsel – der heutigen Schloßinsel – erhob sich eine Grenzburg der Obodriten. Sie bot Schutz für die hier wohnenden Menschen. Wichtige Verkehrswege gab es hier nicht. Die gingen weiter nördlich bei der obodritischen Hauptburg Mecklenburg (Mikelenburg) vorbei, wo auch die Fürsten saßen.

In den Auseinandersetzungen mit den Obodriten unter Niklot eroberte Heinrich der Löwe im Jahre 1160 die Burg am

82.1 Schwerin

Schweriner See. Sie war wichtig genug, um sofort wieder aufgebaut zu werden und einer kleinen deutschen Kaufmannssiedlung vor der Burg das Stadtrecht zu verleihen. Auch das in Mecklenburg gegründete Bistum wurde nach Schwerin verlegt, und bereits 1171 wurde der erste Dom geweiht. Die natürlichen Verhältnisse waren für die Burg recht günstig, weil die Insellage und die umliegenden morastigen Ufergebiete am See Schutz vor Angriffen boten. Sie waren für eine Marktsiedlung weniger geeignet, weil man die moorigen Flächen erst verändern mußte.

Als Platz für die neue Siedlung wurde die Fläche gegenüber der Burgwallinsel genommen. Es ist das Gelände um den alten Garten, während die deutsche Siedlung auf die höhere Fläche ging und den Raum um den Markt besetzte. Die höchstgelegenen Teile wählte sich der Bischof für den Dom. Der bischöfliche Bereich dehnte sich in den nächsten 100 Jahren auf das Gebiet der Schelfe aus, die nördlich angrenzenden Wiesenflächen. Die Begrenzung nach Nordwesten und Westen brachte der Aufstau des Pfaffenteiches als Mühlteich für die fürstliche Mühle. Mit Mauer, Wall und Graben wurde die Stadt erst am 14. Jh. umgeben, nachdem vorher Palisaden genügt hatten.

Die weitere bauliche Entwicklung ist von der geringen Bedeutung der Stadt beeinflußt worden. Da keine Fernhandelsstraße zur Küste durch den Ort führt beeinflußten nur die Verwaltungsfunktionen des Bistums die Stadt. Erst als der herzogliche Hof 1358 nach Schwerin kam, vergrößerte sich der Einfluß der Stadt, und die kulturelle Bedeutung wuchs.

Anfang des 18. Jh. kam es zu Versuchen, Gewerbe und Handwerk mehr Bedeutung zu verschaffen. Die Schelfe wurden erschlossen und zu einem „Gewerbegebiet" gemacht. Mehrere Stadtbrände haben von der mittelalterlichen Bausubstanz au-

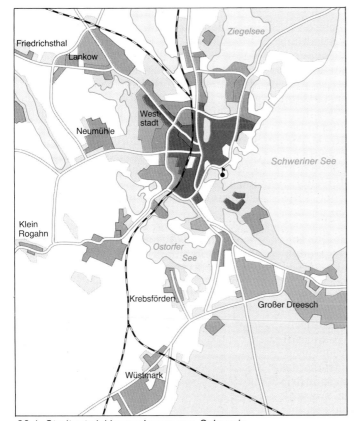

83.1 *Stadtentwicklungsphasen von Schwerin*

ßer dem Dom (14. Jh.) und einigen Resten im Schloß nichts übrig gelassen. Der Baubestand geht daher kaum über das 17. Jh. zurück.

Die Verlegung des Wohnsitzes der Herzöge Mitte des 18. Jh. nach Ludwigslust ließ für 80 Jahre die Stadt weiter stagnieren. Erst als in den 30er Jahren des 19. Jh. der Herzog nach Schwerin zurückkehrte, begann ein neues Leben. Es wurden nicht nur das Schloß, sondern auch eine Reihe weiterer Gebäude um- oder neugebaut, wie der Marstall, das Arsenal, das Rathaus, das Neue Gebäude, die Gebäude um den Alten Garten und andere. Der bekannteste Architekt war der schon genannte Schinkelschüler Demmler, der das Schloß umbaute, aber auch an den anderen genannten Gebäuden beteiligt war. Der einsetzende Aufschwung wurde durch den Eisenbahnanschluß 1847 nach Hagenow an die Hamburg–Berliner Strecke, 1848 nach Wismar, 1850 nach Bützow und Rostock verstärkt. Versuche, eine Industrie in der Stadt anzusiedeln, wurden vom Herzog nicht gefördert. Schwerin blieb so von Anbeginn ein Ort, der von der Verwaltung lebte und Residenz und Garnisonsstadt war. Die Stadt wuchs nur langsam über die alten Grenzen hinaus.

Aus Brockhaus' Konservation-Lexikon 1895: „Schwerin, Haupt- und Residenzstadt des Großherzogtums Mecklenburg-Schwerin, liegt am Südwestende des Schweriner Sees. Sitz der Obersten Landesbehörden sowie der Kommandos der 17. Division, 34. Infanterie und 17. Kavalleriebrigade und hat 33 643 Einwohner. Postamt, Reste der alten Befestigungen, ehernes Standbild des Großherzogs Paul Friedrich (1849), Reiterstandbild des Großherzogs Friedrich Franz II. (1893), Kriegerdenkmal, drei Kirchen, darunter der 1171 von Heinrich dem Löwen gegründete und 1248 geweihte gotische Dom. Von den Gebäuden sind erwähnenswert das Residenzschloß auf einer Insel, das altstädtische Palais, das Hoftheater im Renaissancestil, das Museum, Regierungsgebäude, der großherzogliche Marstall, das Gymnasium, das Arsenal und der Bahnhof. Die Industrie erstreckt sich auf Eisengießerei, Maschinen- und Wagenbauanstalten und kleinere Fabriken."

1918 wird Schwerin die Hauptstadt des Freistaates Mecklenburg-Schwerin und 1934 die von Mecklenburg. In dieser Zeit vergrößerte sich die Stadt und moderne Bauten verbessern die Wohnverhältnisse. Nach dem Zweiten Weltkrieg wird Schwerin Hauptstadt für das Land Mecklenburg-Vorpommern. Im Juli 1952 werden die Bezirke gebildet. Schwerin wird Sitz der Bezirksverwaltung. Der Zustrom an Flüchtlingen und Umsiedlern hat nach 1945 die Einwohnerzahl stark erhöht. Es müssen Arbeitsplätze und Wohnungen geschaffen werden. Neue Industriebetriebe entstehen. Ein Werk für Schiffszubehör entwickelt sich. 1959 kommt ein Kabelwerk hinzu. Ein Plastverarbeitungsbetrieb folgt 1960. Eine neue Molkerei und Kfz-Instandsetzungsbetrieb werden in den nächsten Jahren gebaut. In den 70er Jahren wird der Industriebezirk Süd in der Stadt errichtet. Plastmaschinen, Hydraulik und Lederwaren werden hier hergestellt. Parallel dazu wachsen neue Wohnungsviertel, zuerst im Westen und Nordwesten, danach im Süden der Stadt, wo auf dem Großen Dreesch fast die Hälfte der 129 000 Einwohner (1990) zu Hause ist.

Mit der Neugründung des Landes Mecklenburg-Vorpommern wird Schwerin wieder Landeshauptstadt. Sie bleibt aber eine Verwaltungsstadt, denn die Industrie, in der 1986 40 % der Beschäftigten der Stadt tätig waren, ist durch die veränderten politischen Verhältnisse stark geschrumpft. Die Aufgaben der Verwaltung und Dienstleistungen werden aber für die Funktion als Oberzentrum von Bedeutung sein.

Die wald- und seenreiche Landschaft macht die Stadt und deren Umgebung zu einem beliebten Urlauberziel. Aber auch für die Schweriner selbst ist die Umgebung der Stadt ein vielbesuchtes Erholungsgebiet.

9.2 Neubrandenburg

Die Stadt Neubrandenburg war früher eine kleine, wenig bedeutende mecklenburgische Landstadt. Vor 100 Jahren hatte sie etwa 9 000, heute 90 000 Einwohner.

Die stürmische Entwicklung dieser Stadt beginnt mit der Auflösung des Landes Mecklenburg und der Bildung des Bezirkes Neubrandenburg mit der gleichnamigen Hauptstadt im Jahre 1952. Schrittweise werden bis 1971 die dafür notwendigen Gebäude errichtet und die Verwaltungseinrichtungen aufgebaut. Gleichzeitig baut man neue Wohnungen, die nach allen Seiten um die Altstadt herum geplant wurden. Während zunächst die zerstörte Altstadt und anschließende Randgebiete wieder aufgebaut werden, beginnt ab 1965 der Bau von Satellitenstädten in Plattenbauweise (Oststadt 2 600 Einwohner, Lindenberg 3 500 Einw., Datzeberg 11 000 Einw. u. a.). Dieser rasche Ausbau ist nicht nur wegen der Verwaltungsaufgaben, sondern auch wegen der Neuansiedlungen von Industriebetrieben notwendig geworden. Werke für Nahrungsmittelmaschinen, Heizgeräte, Militärtechnik, Reifenherstellung, pharmazeutische Industrie sowie Bauindustrie und Dienstleistungen entwickelten sich. Die Industrialisierung der kleinen Landstädte – wozu auch Neubrandenburg ursprünglich gerechnet werden mußte – gehört zum Entwicklungskonzept der früheren DDR. So erzeugt Neubrandenburg in den letzten Jahren etwa 50 % der Industrieproduktion des Bezirkes.

Mit der Entscheidung, Schwerin zur Landeshauptstadt Mecklenburg-Vorpommerns zu wählen, verliert Neubrandenburg schlagartig fast alle Verwaltungsaufgaben. Große Probleme stehen vor der Neuorientierung der Industrie. Die Industrie, deren Abnehmer nicht nur aus der DDR, sondern vor allem aus Osteuropa kamen, hat kaum noch Aufträge. Vor der Stadt steht die Frage nach einem neuen Wirtschaftsprofil und ihrer Rolle im System der Siedlungsstruktur. Sie wird schon auf Grund ihrer Größe die wichtigste Stadt in Ostmecklenburg bleiben. Die günstige Lage am Tollensee und die Baudenkmäler könnten die Stadt zu einem touristischen Anziehungspunkt machen.

Die heute drittgrößte Stadt unseres Bundeslandes hat ihre Anfänge auf einer Talsandinsel am Nordende des glazialen Zungenbeckens des Tollensees. Hier bietet sich der erste Übergang über das Tollensetal nach dem Ausfluß aus dem 15 km langen See und dem nachfolgenden vermoorten Tal an. Zwei Handelswege queren das Tal: eine West-Ost-Straße, die von der Elbe kommt und nach Stettin weitergeht und eine Süd-Nordlinie, die zur Küste führt. Im Zuge der Erschließung des Landes wird 1248 eine Stadt gegründet, der das Brandenburger Recht verliehen wird, und die den Namen Neubrandenburg erhält. Sie ist als Markt und Grenzfestung gegen Pommern und Mecklenburg gedacht. Letztere Aufgabe fällt 50 Jahre später fort, als das Gebiet durch eine Heirat an Mecklenburg kommt. Die Stadt entwickelt sich langsam, kann aber wegen der günstigen Lage an Handelsstraßen die umliegenden Landstädte etwas überrunden.

Die Anlage der Stadt erfolgt nach Plan. Sie umfaßt ein fast rundes Oval von 660 x 700 m und ist gitterförmig durch vier senkrechte und fünf waagerechte Straßen in 30 Baublöcke aufgeteilt. Eine Gliederung, die sich bis heute erhalten hat. Diese Fläche wird anfangs durch Palisaden, dann im 14. Jh. durch die noch erhaltene 2 300 m lange steinerne Stadtmauer mit vier Toren und über 50 Wiekhäusern gesichert. Aus den Anfangszeiten haben sich außer der Befestigung nur wenige Baureste erhalten. Die nach verschiedenen Bränden im 18. Jh. errichteten, meist zweistöckigen traufseitig angeordneten Häuser, die ein relativ einheitliches Stadtbild geschaffen hatten, sind bis auf einen Straßenrest in der Wollweberstraße durch die Zerstörung 1945 vernichtet worden. Die heutige Bebauung der Innenstadt ist das Ergebnis des Wiederaufbaus in den 50er Jahren, wo man drei- und vierstöckige Hausreihen mit barocken Bauelementen baute, die von einigen modernen Formen durchbrochen werden. Die Erweiterung der Stadt über den mittelalterlichen Kern hinaus begann erst im 19. Jh., als Straßen und Eisenbahn die Verkehrssituation verbesserten. Nun überwand man mit der Schaffung von kleineren Industriebetrieben die Stagnation der Vergangenheit.

86.1 Wiekhäuser in Neubrandenburg

86.2 Stadttor Neubrandenburg

9.3 Die kleinen Städte und Dörfer

Das heutige Verteilungs- und Funktionsmuster der Dörfer und Städte, insbesondere des Binnenlandes, ist noch immer von der historisch gewachsenen Struktur beeinflußt. Die Umwandlung der vielen alten Bauerndörfer in Gutsdörfer mit ihrer finanziell schwachen und damit bedürfnisarmen Bevölkerung in den vergangenen Jahrhunderten läßt auch die dazu gehörigen zentralen Orte, die Städte, verarmen oder doch in der Entwicklung stagnieren. Nur Städte wie Parchim, Waren, Neubrandenburg und vor allem Güstrow, die zeitweilig Verwaltungsaufgaben erhalten oder Sitz einer Herrschaft sind, haben bessere finanzielle Möglichkeiten.

Der späte Anschluß des Landes an den Norddeutschen Bund mit seiner großzügigeren Gesetzgebung für Handwerk und Gewerbe und die Aufhebung der Zölle 1868 lassen eine Entwicklung von Gewerbe und Industrie zu. Es sind meist Betriebe zur Verarbeitung landwirtschaftlicher Produkte, wie Molkereien, Schlachthöfe,

Mühlen, dann auch Zuckerfabriken und Kartoffelflockenfabriken, die neben den historischen Brauereien gegründet werden. Dadurch vergrößern Orte wie Stavenhagen, Malchin, Teterow, Lübz, Parchim, Waren, Ludwigslust u. a. ihren Einfluß, auch wenn sie nur örtliche oder regionale Bedeutung gewinnen.

Der zögerliche Aufschwung zu Beginn unseres Jahrhunderts wird in den dreißiger Jahren durch den Aufbau und Ausbau der Rüstung gefördert. Einige Städte erhalten neue Kasernen, und auch Rüstungsbetriebe entstehen an verschiedenen Orten. Weitere Veränderungen hat die Verwaltungsreform von 1952 gebracht, durch die einige der kleinen Mittelstädte zu Kreisstädten wurden und damit Zentren für die neuen Kreise. Die zu erwartende Neugliederung wird für diese Städte Fragen ihrer weiteren Entwicklung aufwerfen. Auch der Übergang von der Planwirtschaft, die fast allen Städten Aufgaben unterschiedlicher Art als Zentren für einen Nah- oder Fernbereich zugewiesen hatte, in marktwirtschaftliche Verhältnisse wird neue Überlegungen erfordern.

10　Mecklenburg-Vorpommern morgen

Zwischen Ostsee und Seenplatte haben die 1,9 Mill. Einwohner Mecklenburg-Vorpommern Gestalt gegeben. Sie wohnen in 3 746 Ortsteilen, die zu 1124 Gemeinden, darunter 87 mit Stadtrecht, zusammengefaßt sind. Etwa 51 % der Gemeinden haben weniger als 500 Einwohner, machen aber nur 9,4 % der Bevölkerung aus, während in den zwei Orten über 100 000 Einwohnern, die 0,2 % der Zahl der Gemeinden sind, 19,5 % der Landesbevölkerung wohnen. Etwa 30 % der Menschen leben in Orten zwischen 500 und 5 000 Einwohnern, die 44,4 % der Zahl der Gemeinden umfassen. Diese weite Streuung machen auch die Werte der Bevölkerung pro km² deutlich, die, wenn man die Städte über 50 000 Einwohner ausnimmt, zwischen 31 im Kreis Röbel und 107 im Kreis Usedom liegen,

wobei der Landesdurchschnitt mit 54 Einw./km² errechnet ist.

Die Veränderungen nach dem Zweiten Weltkrieg durch die Verwaltungsreform 1952 brachte mit der Vergrößerung der Zahl der Kreise von 20 auf 31 auch weitere Städte in eine höhere Zentralität und Orten wie Saßnitz (1957) und Eggesin (1966) das Stadtrecht.

Die gegenwärtige Siedlungsstruktur wird sich in ihrem Funktionsgefüge mit der 1994 vorgesehenen Gebietsreform verändern. Die Vorstellungen gehen von vier Regionen aus: Westmecklenburg mit dem Zentrum Schwerin, dem Raum Rostock, der Region Stralsund–Greifswald und Neubrandenburg. Die Zahl der Kreise soll auf 10–15 verringert werden, was einen Bedeutungsverlust oder Wandel der bis-

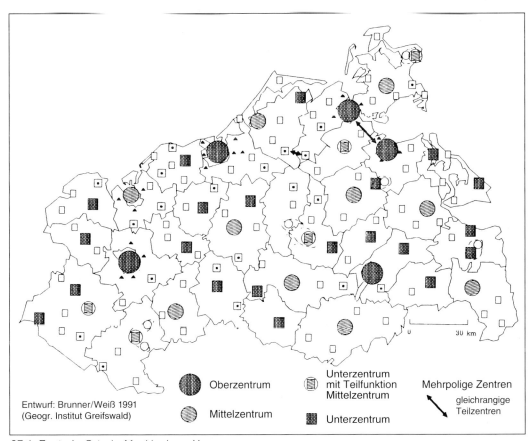

Entwurf: Brunner/Weiß 1991
(Geogr. Institut Greifswald)

Oberzentrum

Mittelzentrum

Unterzentrum
mit Teilfunktion
Mittelzentrum

Unterzentrum

Mehrpolige Zentren

gleichrangige
Teilzentren

30 km

87.1 Zentrale Orte in Mecklenburg-Vorpommern

herigen Kreisstädte mit sich bringen wird. Es werden sich weitergespannte Raumbeziehungen herausbilden. Neben die hierarchische Ordnung der zentralen Orte werden die Verflechtungen der einzelnen Systeme im Verkehrsfluß hervortreten und eine Knoten-Band-Struktur entwickeln. Sie ist schon angedeutet mit den Städten an der Küste, die von Lübeck ausgeht und über Wismar–Stralsund–Greifswald–Anklam nach Berlin bzw. Stettin geführt werden kann. Eine andere Achse könnte durch das Binnenland von Schwerin über Güstrow–Neubrandenburg nach Stettin weiterführen und den Nachbarstaat auch auf diesem Wege anschließen. Zu diesen West-Ost-Linien werden einige Nord-Süd-Verbindungen kommen, um zu einem das Land aufschließenden Gitter zu kommen. Zu diesen Knoten-Band-Systemen könnte Rostock–Güstrow–Waren–Berlin

und Saßnitz–Stalsund–Neubrandenburg–Berlin gehören. Auf diese Weise werden sich die bisherigen Siedlungssysteme neu zusammenfügen lassen.

Landwirtschaft, Industrie und Erholungswesen waren in den letzten Jahrzehnten wichtige Grundlagen für das Arbeitsleben. Von der Einwohnerzahl sind 21,9 % unter 15 Jahren, 65 und mehr Jahre sind 10,7 % und als arbeitsfähige Bevölkerung werden 67,5 % ausgewiesen. Die 992 396 Beschäftigten (30. 11. 90) verteilen sich auf die drei Hauptbereiche Land- und Forstwirtschaft mit 19,6 %, produzierendes Gewerbe (Industrie und Bau) mit 35,4 % und den Dienstleistungsbereich mit 44,8 %. Von dieser Verteilung ausgehend wird die wirtschaftliche Umstrukturierung in den nächsten Jahren zu einem anderen Verhältnis kommen. Der Bereich der Landwirtschaft wird stark abnehmen, auch im

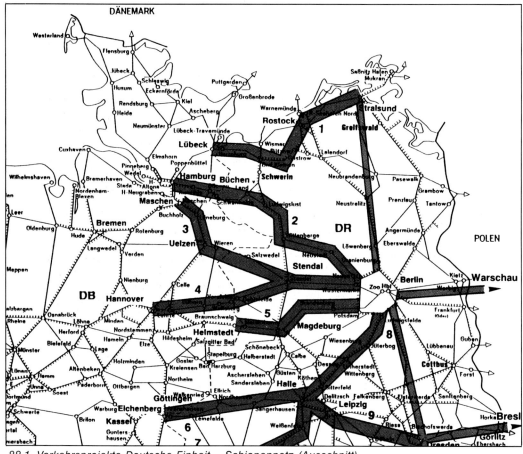

88.1 *Verkehrsprojekte Deutsche Einheit – Schienennetz (Ausschnitt)*

Die fünf norddeutschen Bundesländer wurden sich gestern in Rostock einig:

Großflughafen nach Parchim

ROSTOCK (OZ/J. E.) Die Bundesländer Schleswig-Holstein, Niedersachsen, Mecklenburg-Vorpommern, Hamburg und Bremen sind sich einig, daß der Norden Deutschlands einen neuen Großflughafen benötigt, um den Verkehr des Jahres 2000 bewältigen zu können. Als Standort dafür wird Parchim, südöstlich von Schwerin, favorisiert. Darüber informierte gestern Bundesverkehrsminister Günther Krause (CDU) im Anschluß an eine Küstenkonferenz mit den norddeutschen Länderverkehrsministern in Warnemünde. Krause hob hervor, daß durch die länderübergreifende Einigung über den Großflughafen eine Magnetschnellbahn-Strecke (Transrapid) von Berlin nach Hamburg stark an Bedeutung gewinne.

Das knapp 7,4 Milliarden DM kostende Projekt – so schätzen Experten – würde die Fahrzeit zwischen beiden deutschen Metropolen auf etwa eine Stunde reduzieren, da die Magnetbahn eine Spitzengeschwindigkeit von 500 km/h erreicht. Der Transrapid soll nach Krauses Vorstellungen für den interkontinentalen Großflughafen Parchim Zubringerfunktionen von Berlin und Hamburg erfüllen. Krause unterstrich, die Planung aller Verkehrsprojekte „Deutsche Einheit" käme in diesem Jahr zügig voran. Entgegen allen Unkenrufen werde dabei kein Verkehrsträger benachteiligt. So könne beispielsweise das Planfeststellungsverfahren für die neue Eisenbahnstrecke von Lübeck über Schwerin nach Rostock und Stralsund im nächsten Jahr eingeleitet werden. Bei der Schnellbahnverbindung Hannover–Berlin gebe es unter anderem wegen Umweltschutzüberlegungen Verzögerungen, jedoch sei er sicher, daß auch hier der Baubeginn noch in dieses Jahr fallen werde.

Krause wie auch Mecklenburg-Vorpommerns Wirtschaftsminister Conrad-Michael Lehment (FDP) sprachen sich für den raschen Ausbau der „attraktiven Fährverbindungen" vom nordöstlichen Bundesland nach Skandinavien und in das Baltikum aus. Beide Politiker halten es deshalb für erforderlich, daß die Insel Rügen eine neue Verbindung mit dem Festland – Tunnel oder Brücke – erhält.

Um Planungsvorlauf für die in den nächsten zehn Jahren zu erwartenden Güterströme von und nach Osteuropa und Skandinavien zu schaffen, will Krause in absehbarer Zeit eine nordische Verkehrskonferenz unter dem Dach der Europäischen Gemeinschaft organisieren. Daran sollen alle Ostseeanrainerstaaten und möglicherweise auch Rußland und die Ukraine teilnehmen.

Ostsee-Zeitung vom 28. 02. 1992

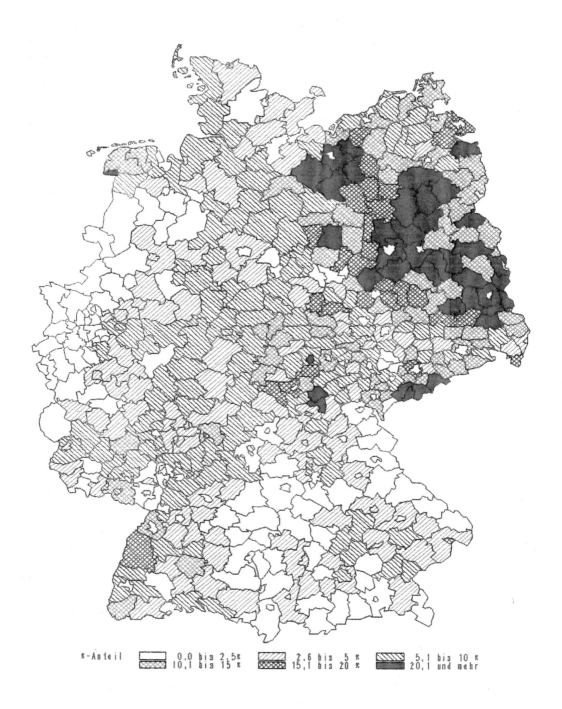

%-Anteil

0,0 bis 2,5%	2,6 bis 5 %	5,1 bis 10 %
10,1 bis 15 %	15,1 bis 20 %	20,1 und mehr

90.1 Stillegung von Ackerflächen 1988/89 bis 1990/91

Bereich des Gewerbes und der Industrie wird der Anteil nicht größer werden, während der tertiäre Bereich anwachsen wird.

Über die Neuordnung der Landwirtschaft in individuelle und genossenschaftliche Betriebe unterschiedlicher Größe gibt es viele Überlegungen, auch über die Änderungen im Produktionsbereich. Als Beispiel mag hier der Betrieb der Rindermast in Ferdinandshof im Kreis Ueckermünde genannt werden. Der Betrieb steht unter der Verwaltung der Treuhand und soll privatisiert werden. Der Betrieb hat eine Fläche von 5 600 ha, meist Grünland, und 26 000 Rinder, die von 270 Mitarbeitern versorgt werden. Absatzprobleme hat das Gut nicht und exportiert auch. Man hofft, nachdem die Zahl der Beschäftigten kleiner geworden ist, die Produktion halten zu können. Früher hatte man etwa 40 Mill. Mark jährlich an Gewinn, von den Einnahmen waren 20–25 Mill. Mark Devisen. Heute decken die Einnahmen die Ausgaben. Während das Gut wahrscheinlich seine Position halten kann, ist die Landwirtschaft in Ferdinandshof in Schwierigkeiten geraten. In der 4000 Einw. zählenden Gemeinde gab es vier Landwirtschaftsbetriebe mit 42 000 Rindern und 10 000 Schweinen. Die Nutzfläche betrug 10 000 ha. 1500 Menschen hatten Arbeit. Heute haben noch 400 eine Beschäftigung. Aufgegeben ist die Molkerei und geschlossen wird auch das ehemalige Volkseigene Gut Tierzucht. Ähnliche Beispiele gibt es viele in unserem Bundesland.

Im Ergebnis der gegenwärtigen Überlegungen wird es darauf ankommen, im Rahmen der EG-Richtlinien einen solchen Platz zu erhalten, der eine rentable Wirtschaft zuläßt.

Auch in der Industrie gibt es positive

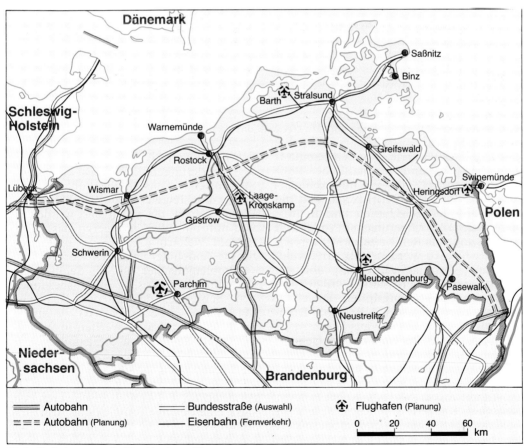

91.1 *Verkehrswege in Mecklenburg-Vorpommern*

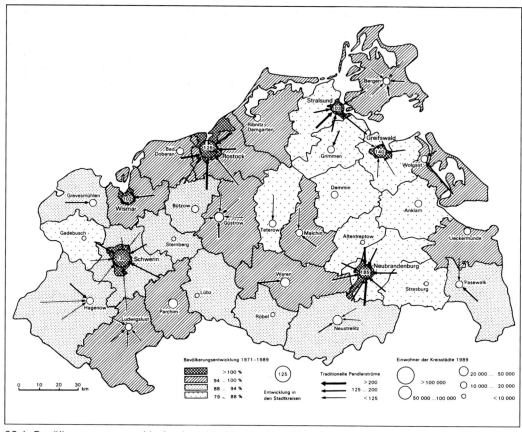

92.1 Bevölkerungsgeographische Aspekte Mecklenburg-Vorpommerns

und negative Beispiele. Die Lebensmittelindustrie, die landwirtschaftliche Rohstoffe verarbeitet, gibt ein unterschiedliches Bild. In der Milchwirtschaft hat die
Einführung der EG-Quoten und Richtli-
nien zu einer Verringerung der Produktion
geführt, und eine Reihe älterer Molkereien
sind geschlossen worden (z. B. Greifwald,
Stralsund, Ferdinandshof und andere),
andere sind modernisiert worden und
haben neue Fertigungslinien aufgebaut
(z. B. Schwerin, Rostock, Bergen). Diese
sind von zwei Konzernen aus Niedersachsen bzw. Nordrhein-Westfalen aufgekauft
worden. In der Zuckerwirtschaft haben die
neuen Normen ebenfalls zu Einschränkun-
gen geführt. Die Zuckerfabriken sind weitgehend privatisiert worden, so hat z. B. ein
dänischer Konzern die Zuckerfabrik in
Anklam übernommen und modernisiert
sie. Die Anlage in Jarmen ist dagegen
geschlossen worden. Auch im Bereich der

Fabriken Güstrow, Tessin und Wismar gibt
es Veränderungen und ebenso an anderen
Standorten. Umstellungsprobleme hat
auch die Teigwarenfabrik „Möwe" in
Waren gehabt, die privatisiert worden ist,
und nun mit einer geringeren Beschäftig-
tenzahl weiterhin Teigwaren produziert,
für die Abnehmer gefunden wurden.

Problematischer ist die Sachlage im
Maschinenbau. Das betrifft insbesondere
den Schiffbau, der in der Deutschen
Maschinen- und Schiffbau AG zusammengefaßt ist, und dessen Werften in Wismar,
Warnemünde–Rostock, Stralsund, Wolgast
und Boitzenburg/Elbe zwar noch produ-
zieren und auch für 1992 Aufträge haben,
aber nur schwer zu privatisieren sind. Die
Altlasten dieser Werften erschweren sehr
stark eine positive Entwicklung. Trotzdem
sind inzwischen die Werft in Wismar, wie
beschrieben, von der Bremer Vulkan übernommen und die Warnowerft soll an den

norwegischen Kvaerner Konzern verkauft werden. Sie sollen weiterproduzieren. Unklar ist der Verbleib der Neptunwerft, die als Neubaubetrieb nicht weitergeführt werden wird. Die Wolgaster Werft ist von dem Unternehmen Hegemann aus Bremen gekauft worden. Über die Existenz der Boizenburger Werft ist noch nichts bekannt. Inzwischen hat die Europäische Gemeinschaft den Werften eine Neubaukapazität von 327 000 t (CGT) zugesprochen und damit ihren Erhalt gesichert. Die Zahl der Beschäftigten auf den Werften, die 1989 noch 26 000 betrug, war bis Juni 1992 auf etwa 13 600 zurückgegangen und soll im Zuge des Umbaus der Betriebe auf 8 000 reduziert werden. Erhalten wird sich die Fischwirtschaft, soweit sie Küsten- und kleine Hochseefischerei betreibt und ihren Umfang nicht vergrößert. Die Fangquoten gestatten dann ein Überleben. Auch die Existenz eines Betriebes der Hochsee- bzw. Fernfischerei ist durch die Hilfe des Landes jetzt gesichert.

Aufblühen wird dagegen nach notwendigen Umstrukturierungen und der Klärung der Eigentumsverhältnisse der Tourismus. Trotz vieler Probleme war die Saison 1991 zufriedenstellend. 5,1 Mill. Urlauber besuchten das Land, Hotels und Pensionen waren zu 85 % ausgebucht. Die gegenwärtig gesunkene Zahl der Bettenplätze wird wieder ansteigen und den Komfortstandard der alten Bundesländer bald erreichen. Es ist zu hoffen, daß es gelingt, einen ökologisch vernünftigen Fremdenverkehr zu erreichen, der die Schönheiten der Küsten- und Seenregion erhält.

Wichtig für den Aufschwung der gesamten Wirtschaft ist der Ausbau der Infrastruktur und die Durchführung der Kreisreform. Insbesondere das Verkehrswesen bedarf einer Verbesserung. Das Land im Nordosten der Bundesrepublik ist wie kein anderes als Durchgang für den Verkehr nach Norden und Osten geeignet und kann für den Fremdenverkehr auch Zielland sein. Für diese Belange müssen die vorhandenen Straßen und Wege verbessert werden. Dabei will man, um die vielen Alleen zu schonen, bei Erweiterungen neue Trassen danebenlegen. Darüber hinaus bedarf es aber neben dem Ausbau der bestehenden Süd-Nordstrecken einer Erweiterung der West-Ost-Verbindungen. Der Bau einer Autobahn aus dem Raum Hamburg–Lübeck zwischen der Küste und der Seenplatte mit Anschlüssen an den polnischen Nachbarn und die skandinavische Gegenküste ist deshalb dringend notwendig. Die Planung bis in den Raum Wismar–Neukloster ist fast abgeschlossen. Bei den nach Norden führenden Straßen muß der Zugang zur Insel Rügen erweitert werden.

Zur Entlastung der Straße muß die Eisenbahn, deren Grundnetz mit rd. 2 400 km ausreichend ist, in den West-Ost-Verbindungen voll zweigleisig ausgebaut werden, das betrifft vor allem die Strecke Lübeck – Bad Kleinen – Bützow – Rostock – Stralsund. Auch die Elektrifizierungen der Linien wird vorangetrieben, wie es im Verkehrsprojekt Deutsche Einheit vorgesehen ist. Mit der Verbesserung des Oberbaus können die Geschwindigkeiten erhöht und der Reisekomfort gehoben werden. Klein- und Nebenbahnen – wie der ‚Rasende Roland' auf Rügen – sollen privatisiert werden.

Notwendig wird auch der Aufbau eines regionalen Flugnetzes sein, das damit den Anschluß an den internationalen Verkehr ermöglicht. Für den regionalen Verkehr sollen die Flugplätze, die bisher entweder militärisch genutzt wurden oder stillgelegt waren, eingerichtet werden. Es sind die Flugplätze Laage/Kronskamp zwischen Rostock und Güstrow, Neubrandenburg, Barth und Heringsdorf (Garz auf Usedom). Für den internationalen Verkehr ist ein Flughafen bei Parchim im Gespräch, der an die ebenfalls erwogene Transrapidstrecke Hamburg–Berlin angeschlossen werden und so auch Hamburg und Berlin entlasten könnte.

Wenn dann noch die Kommunikationsmittel auf einen modernen Stand gebracht werden, kann Mecklenburg-Vorpommern ein Land der Zukunft werden. Viele Jahre noch teilweise schwieriger und komplizierter Arbeit liegen vor den Bürgern diese nord-östlichen Bundeslandes. Wenn dieses Land aber seine Aufgabe begreift und erfüllt, „Tor zum Norden und Brücke zum Osten" zu werden, dann wird Mecklenburg-Vorpommern einen angesehenen Platz im Kreis der deutschen Bundesländer erhalten.

Das Bundesland in Zahlen

Tab. 4: Übersicht der Schutzgebiete im Bundesland Mecklenburg-Vorpommern

Flächenübersicht der Nationalparke

	Vorpommersche Boddenlandschaft	Jasmund	Müritz
	km²		
Gesamtfläche	805	30	308
Landfläche	118	25	266
davon Wald	56	20	200
Gewässer	687	5	42

Flächenübersicht der bestehenden Naturparke

	Schaalsee	Elbtal*	Nossentiner-Schwinzer Heide
	km²		
Gesamtfläche	162	1222	320
Landfläche	143	815 in M-V	272
davon Wald	26	173 in M-V	170
Gewässer	13	3 in M-V	48

*Der Naturpark Elbetal umfaßt Gebiete der Länder Brandenburg und Mecklenburg-Vorpommern

Flächenübersicht der Naturschutzgebiete

Anzahl	Fläche km²	Anteil an der Landesfläche in %
258	687	2,88

Flächenübersicht der Landschaftsschutzgebiete

Anzahl	Fläche km²	Anteil an der Landesfläche in %
80	4355	18,3

Tab. 1: Die größten Städte (1990)

		Einwohner
1.	Rostock	252 000
2.	Schwerin	129 000
3.	Neubrandenburg	90 000
4.	Stralsund	74 000
5.	Greifswald	68 000
6.	Wismar	57 000
7.	Güstrow	38 000
8.	Neustrelitz	26 000
9.	Waren	24 000
10.	Parchim	23 000

Tab. 2: Die höchsten Erhebungen

	m
Helpter Berge	179,1
Ruhner Berge	176,8
Piekberg (Rügen)	161,0
Brohmer Berge	153,0
Hohe Burg	144,0

Tab. 3: Die größten Inseln

	km²
Rügen	930,0
Usedom	445,0
(deutscher Anteil)	373,0
Poel	34,3
Ummanz	19,6
Hiddensee	16,7

Tab. 5: Die größten Seen

	km²
Müritz	110,3
Schweriner See	60,6
Plauer See	38,0
Kummerower See	32,2
Tollense See	17,8

Tab. 6: Die längsten Flüsse

Küstenflüsse der Ostsee:	km	Nebenflüsse der Elbe:	km
Warnow	151	Elde	206
Peene	126	Sude	85
Recknitz	111	Stepenitz	80
Uecker	93		

Tab. 7 Greifswald

Jahr	Einwohner
1800	5 700
1850	13 200
1900	23 000
1933	29 500
1950	44 500
1971	47 000
1981	61 400
1989	68 600
1990	66 200

Tab. 10 Wismar

Jahr	Einwohner
1475	8 000
1720	5 600
1808	6 000
1875	14 700
1913	25 000
1933	27 600
1945	42 000
1950	48 000
1960	55 400
1981	57 700
1988	58 000
1990	55 500

Tab. 8 Rostock

Jahr	Einwohner
1380	11 000
1410	14 000
1566	9 500
1594	14 800
1792	10 800
1850	22 600
1900	54 700
1930	77 700
1935	104 000*
1945	68 000
1946	115 000
1950	133 000
1971	199 000
1981	236 000
1988	254 000
1990	248 000

*Eingemeindung

Tab. 11 Urlauber 1988
(in Tausend)

Binz	161
Kühlungsborn	152
Warnemünde	132
Graal-Müritz	106
Prerow	100
Zinnowitz	95

Tab. 9 Stralsund

Jahr	Einwohner
1800	11 200
1890	27 800
1930	43 500
1950	58 300
1971	71 500
1981	74 400
1989	75 500
1990	72 800

Bildquellen: ADN-Zentralbild, Berlin: 39.1; Archiv für Kunst und Geschichte, Berlin: 35.1, 36.1; Blase, Dieter, Steinfurt: 4/5; Buresch, H., Braunschweig: 35.2; Crill, R., Mecklenburg, Bielefeld/Leipzig 1938: 34.1; Deutsche Luftbild, Hamburg: 82.1; Federau, B., Hamburg: 30.1, 46.1, 54.1, 63.2, 66.1, 79.1; Fotokabinett Bertel Remmer, München: 47.1; Greiner & Meyer, Braunschweig: 16.1; Hermann Starginski, Wiek/Rügen: 68.1, 74.2, 76.1; IFA-Bilderteam, Taufkirchen: 18.1, 43.2 Poguntke; Jürgens, Köln: 51.1; Silvestris-Fotoservice, Kastl: 18.2 Nagel; Union Verlag, Berlin, Das Christliche Denkmal, H. 21: 28.1 u. 2; Dr. Wegner, E., Greifswald: 22.1; Wölfel, W., Greifswald: 13.1, 13.2, 18.3, 71.1; Dr. Zahn, U., Groß Schwülper: 29.1, 55.1 u. 2, 58.1, 59.1, 77.1.